中外文稀有版本文献

《哥达纲领批判》

④

哥达纲领批判

【德】卡尔·马克思◎著
何思敬　徐　冰◎译

中央编译出版社
Central Compilation & Translation Press

前 言

《哥达纲领批判》写于1875年4月至5月初，是科学社会主义的重要文献，包括马克思的《德国工人党纲领批注》和他在1875年5月5日写给威·白拉克（即爱森纳赫派的领导）的信。马克思在这部著作中逐条批判了纲领草案中的拉萨尔主义观点，阐述了科学社会主义的基本原理，丰富和发展了科学社会主义理论。《哥达纲领批判》在马克思生前没有公开发表。1891年，恩格斯将这一著作作了某些删节后首次发表在1891年《新时代》杂志第1卷第18期，并写了序言。

《哥达纲领批判》在中国的传播始于中国共产党成立前后。1921年6月1日，《新青年》第9卷第2号载李达《马克思派社会主义》一文，译载《哥达纲领批判》中一段："由资本主义社会移到社会主义社会的中间，有一个政治的过度时期。这政治的过度时期，就是劳动专政。" 1921年7月1日，陈独秀在《新青年》第9卷第3号发表《社会主义批评（在广州公立法政学校讲演）》一文，在谈到"无产阶级专政"时，引用《哥达纲领批判》中的一句话："在资本主义的社会和共产主义的社会底中间，有一个由这面推移则那面的革命的变形的时期。而这个时期，政治上的过渡时代就为必要。这个政治上的过渡时代，不外是无产阶级底革命的独裁政治。" 1921年8月14日，施存统在《新青年》第9卷第4号发表《马克思底共产主义》一文，译载《哥达纲领批判》相关内容："从资本主义社会推移到社会主义底中间，必须经过一个革命的变形时期。同这个革命的变形时期相适应的，有一个政治上的过渡期。

这个政治上的过渡期，就是无产阶级革命的独裁政治。”1922年1月15日，中国社会主义青年团发行的机关刊物《先驱》创刊号刊载重远（即邓中夏）《共产主义与无政府主义》一文，对《哥达纲领批判》的部分内容进行简要介绍。1922年7月1日《新青年》第9卷第6号刊载贝尔著、赭选翻译的《马克思学说之两节》一文，介绍了《哥达纲领批判》中的部分内容：“权利是不能超出社会的经济构造与为经济构造所定限的文化发展以上的。”“所以一个出产者那时所能收回的正是他所予于社会的，扣减去为政府、教育、以及别的社会所负担所用之数。……平等乃在统通，对于所有一切一人，都用劳动作度量标注。”可以看出，早期革命者十分关注马克思关于国家的基本观点、共产主义社会发展的阶段、无产阶级实现社会主义的正确途径、过渡时期的无产阶级专政等革命性问题。

《哥达纲领批判》第一个中文全译本由熊得山翻译，于1922年发表在北京《今日》月刊第1卷第4号“马克斯特号”第9—35页，文前有译者附记。此后，马克思主义研究会于1923年5月5日出版单行本，书前有译者写的《小引》。第二个中文全译本由李达翻译，载1923年4月10日湖南自修大学出版的《新时代》第1卷第1号第1—28页，篇名为《德国劳动党纲领栏外批评》。第三个中文全译本由彭学霈翻译，载1925年5月上海的《学灯》第7卷第5册第9、12—15号，篇名为《德意志劳动党纲领批评》，包括恩格斯序言、马克思给白拉克的信、德国社会主义工人党纲领（哥达通过），以及译者写于1924年12月15日的序言。第四个中文全译本由李春蕃（柯柏年）译，上海解放丛书社1925年8月出版，书名为《哥达纲领批评》，封面印有“解放丛书第一种”字样。本书包括恩格斯的序言、马克思给威·白拉克的信，以及对德国工人党纲领的几点意见，书后附注12条。第五个中文全译本由李一氓翻译，载1930年2月上海社会科学研究会出版的《马克思论文选择》，篇名为《哥达纲领批评》，包括恩格斯序言、马克思给威·白拉克的信，以及对德国工人党纲领的几点意见，文后有注释13条。第六个中文全译本由何思敬、徐冰合译，1939年12月解放社出版，封面印有“马恩丛书10”，内容包括：对德国工人党纲领的几点意见、恩格斯给奥·倍倍尔的信（1875年3月18—28日）、马克思给威·白拉克的信（1875年5月5日）、恩格斯给威·白拉克的信（1875年10月11日）、恩格斯给奥·倍倍尔的信（1875年10月12日）、恩格斯的序言、恩格斯给卡·考茨基的信（1891年2月23日），以及列宁在《马克思主义论国家》和《国家与革命》中的有关摘录，文后附有注释。可以看出，《哥达纲领批判》在中国传播的艰辛历程，它在每一革命时期，都受到大量关注。

中华人民共和国成立后的一段时间内，因《哥达纲领批判》新译本尚未出现，市面上流通的版本为何思敬、徐冰译本。1964年9月，由中央编译局翻译的《哥达纲领批判》单行本由人民出版社出版发行，此后，市面流通的《哥达纲领批判》版本，基本为中央编译局译本。为向国内学者提供权威的版本资料，进一步推动《哥达纲领批判》的研究，中央编译出版社此次整理出版了《哥达纲领批判》在全世界传播较为广泛的德文版、英文版，以及1949年前后中国出版的几个中文全译本。如有不当之处，敬请批评指正。

张远航

2024年5月

馬克思

哥達綱領批判

★

馬 克 思

哥 達 綱 領 批 判

人 民 出 版 社
一九五七年·北京

出版者說明

本書本版是按照解放社一九五〇年八月第二版重印的。此次重印時，曾就譯文的個別地方作了一些修改。

馬克思
哥達綱領批判
何思敬　徐　冰譯

*

人民出版社出版（北京东总布胡同 10 号）
北京市書刊出版業營業許可証出字第 1 号
北京新華印刷廠印刷　新華書店發行

*

开本 787×1092 公厘 $\frac{1}{32}$ · 印張 5 · 字數 85,000

1939 年 12 月延安初版
1949 年 11 月校正北京重印第 1 版
1950 年 8 月校訂北京重印第 2 版
1957 年 5 月北京第 4 次印刷
印數 30,001—60,000　定价(5) 0.34 元
統一書号 1001 · 3

編者的話

馬克思的哥達綱領批判一文，寫於一八七五年五月初，內容是批評德國社會民主黨的綱領草案，這個草案準備提交將要在哥達召開的該黨的代表大會上討論。該草案全用小資產階級的辭句寫成，在黨綱的原則問題上，犯了許多重大的機會主義錯誤，並迴避了無產階級運動的根本問題——無產階級專政的問題。馬克思在這篇文章裏發揮了共產黨宣言所說的一些原則，撮述了無產階級政黨的政治要求。他指出：『在資本主義社會與共產主義社會之間有一個前者轉入後者的革命的轉變時期。與這個時期相適應的也有一個政治上的過渡時期，這個時期的國家，除了無產階級的革命專政以外，不能是任何別的東西。』他並且指出，共產主義社會要經過兩個階段。在其第一個階段上，共產主義還不能解脫資本主義的傳統，許多地方還帶有舊社會的「殘跡」，這個階段上的分配原則是：各盡所能，各按勞動的數量和質量取得所値。在共產主義的最高階段上，勞動的生產性已經提高，生產品已經很豐足，這時社會在其旗子上可以寫：各盡所能，各取所需。另外，馬克思還分析了共產主義發展與國家逐漸死亡之間的聯繫。列寧關於馬克思的這篇文章曾說：「馬克思這些解釋底偉大意義，就是他在這裏也一貫地應用了唯物主義辯證法，發展論，把共產主義看成是從資本主義中發展出來的東西。馬克思並沒有煩瑣式地臆造和「虛構」過種種定義，也沒有從事於毫無意思的字面爭論（什麽是社會主義，什麽是共產主義），而是分析了可以稱爲共產主義在經濟上成熟程度的各個階段。」

德國社會民主黨的領袖們曾長期地隱藏了科學共產主義的這個重要文件，不讓羣衆知道。直到一八九一年該黨將在愛爾福特舉行代表大會，通過新的綱領之前，恩格斯認爲需要，不顧第二國際領袖們的反對，才把這個文件公佈了。

本書本版譯文，由何思敬同志重新對照德文原文校閱一遍。附錄列寧國家與革命摘錄，係採用蘇聯外國文

· 2 ·

書籍出版局一九四九年所出中文本的譯本。編排次序，也參考俄文譯本，變更了一下。

解放社編輯部

一九四九，五，二〇

目　　錄

恩格斯序言[1]

這兒刊印的原稿——給白拉克[2]的附信以及綱領草案的批判——在一八七五年哥達合併大會不久以前被寄給白拉克，以便轉給蓋勃[3]、奧謁爾[4]、伯伯爾和李卜克內西傳看，最後送還給馬克思的。因爲哈勒的黨大會把哥達綱領底討論，已提到它的議事日程上來，我相信，如果我再把在這次討論中確定方向的一個重要文件——或者是最重要的文件吧——還長久保留着而不發表，那末，恐怕我就要犯隱匿罪。

並且這個原稿還有其他更廣大的意義。在這個文件裏第一次明顯而堅定地闡明了馬克思底態度——對於拉薩爾參加運動以後所採取的方向並關於拉薩爾底經濟原理以及策略。

這裏用以解剖綱領草案的毫無顧忌的銳利性，說破其所得結果與暴露其弱點之嚴厲性，到十五年後的今天，已經不會再有所損害了。特種的拉薩爾派分子僅是個別的殘餘在國外存留着，並且，在哈勒大會中，哥達綱領甚而也被它的起草者們認爲完全不够而被拋棄了[5]。

雖然如此，我還省略了幾處對個人銳利的辭句和斷語，在它們對內容沒有影響的情形下，並且用點線來代替它。如果馬克思今天來發表這個原稿，他自己也會這樣作。原稿中有些地方的嚴厲辭句，是由於兩種情況挑起來的：第一，馬克思和我，對德國的運動比對任何其他各處的運動關係更密切，因此，綱領草案中所表現的斷然的退步就特別强烈地激動了我們[6]。第二，那時，在國際[7]底海牙大會（一八七二年）之後還不到兩年，我們正在與巴枯寧和他的一派無政府主義者作最激烈的鬥爭[8]，他們把德國工人運動裏發生的一切，都要我們負責；因此，我們也不得不預期到人家會誣指我們是這個草案底隱秘的父親。這些顧慮現在已經沒有了，因此，一切有問題的地方底必要性也沒有了。

因出版法上的一些理由，有些文句也僅僅用點線暗示出來。凡不得不選取更温和的辭句之處，都加上了方括弧。其他統統照原文付印。

倫敦 一八九一年一月六日

馬克思給白拉克的信[10]

親愛的白拉克！

下列對於合併綱領的批判的傍註，請你讀過之後，費神轉交給蓋勃和奧藹爾，伯伯爾和李卜克內西等人過目。我現在工作太忙，已經不得不遠遠超過醫生所規定的工作分量，所以寫這樣長的無聊東西，在我决不是一種〖享樂〗。不過這是很必要的，這樣才好使黨友們——我這通知是爲他們而寫的——不至誤會我今後所取的步驟。——合併大會開了之後，恩格斯和我將要發表一個簡短聲明，內容是表明我們和那原則綱領距離太遠而且沒有絲毫關係。

這是不可沒有的，因爲有人在外國支持着我們黨底敵人竭力培植的見解——完全錯誤的見解——說我們暗中從這兒操縱着所謂愛森拉赫黨底運動。例如巴枯寧[11]還在最近發表的俄文著作裏，不但把該黨一切綱領等等要我負責任，甚而把李卜克內西和人民黨合作以後每一步驟也要我負責任。

除此以外，我的義務是，也不能用外交式的緘默來承認這個我確信完全要不得的並且要使黨墮落的綱領。

眞正的運動底每個步驟是比一打綱領更重要[12]的。如果不能超過愛森拉赫綱領——時勢也不容許這樣——那末就應該簡單地締結一個行動協定去對付共同敵人。而如果制定原則綱領（不把它推延到那時，即經過較久的共同行動來準備這類東西），就是在一切世人面前樹立路程標，讓世人憑以衡量黨底運動底高低。拉薩爾派底首腦們來了，因各種情況逼迫他們。如果預先聲明給他們說，不允許做原則買賣，那末他們就必須以供共同行動的行動綱領或組織計劃爲滿足了。不這樣做，反而允許他們派代表以全權來參加，承認他們的全權有效，那就是無條件的投降了乞援者。拉薩爾派爲了裝飾他們的門面，在妥協大會之前又召集了一次大會，然而我們的黨倒在事後才舉行大會[13]，他們公然地想消滅一切批判，並且不讓我們的黨愼重考慮。人們知道，聯合底單純事實是怎樣使工人們滿意了，但如果以爲這暫時的效果是沒有費太高的代價買來的，那就錯了。

要之，除了頌揚拉薩爾底信條之外，這個綱領一點也沒有用處。

我下次將把資本論法文版[14]底最後一次稿件寄給你。因爲法國政府底禁止，刊印底進行是長期地被阻礙着。本星期或下星期初，這項工作就要完結。前六次的稿件收到沒有？請你最好也把倍侖哈德·倍格爾[15]底地址通知我，我也要把這最後一次稿件寄給他。

那〖人民國家〗書店眞有特別脾氣。例如直到此刻爲止，這書店還沒有寄過一份科侖共產黨審判[16]底印刷品給我。

最敬禮！

你的馬克思

馬 克 思

德國工人政黨綱領評註。

一

1：〖勞動是一切財富和一切文化底源泉，並且因爲有效的勞動祇有在社會裏和通過社會才是可能的，勞動底所得不折不扣地按照平等的權利，屬於社會底一切成員。〗

本條第一部分：〖勞動是一切財富和一切文化底源泉。〗

勞動不是一切財富底源泉。自然同樣是使用價值底源泉（並且從這裏才構成了實質的財富！）和勞動一樣，勞動本身就只是一種自然力——人類的勞動力底表

㊀ 即哥達綱領批判正文。——譯者

現[17]。那句話在一切童話裏面出現着，並且假如包含下面一個意思就是說：勞動要用適當的對象和手段來進行，那麼在這個限度內那句話是正確的。但一個社會主義的綱領不能容許這種資產階級的說法；把一切條件隱默起來不說，只有這些條件才拿出一定的意義來給這種說法。當着人類一時開始作爲所有權者去對待自然，一切勞動手段和勞動對象底第一源泉，把它們當作屬於他的來處理時，他的勞動才是使用價值底源泉，因而也是財富底源泉。資產者們有很好的理由把超自然的創造力誣加到勞動上去；因爲恰正從勞動受自然所輔成與制約這個情形中產生出下述事實：除他的勞動力外沒有其他所有物掌握在手裏的人，在一切社會底文化底諸狀態中，必定是其他一些人們——他們把自己弄成了勞動底現成的輔成與制約條件底所有權者們——底奴隸。他只有得到他們的允許才能勞動，因而只有得到他們允許才能生活[18]。現在讓這條命題去吧，不管站着也好，走着也好，或者爬着也好。人家究竟期望什麼作爲結論呢？顯然就是下面這個：——

『因爲勞動是一切財富底源泉，因而這社會裏面沒有人能够除勞動底生產物以外佔有財富。因而如果不親自勞動，他就靠別人的勞動來生活，並且也化費了別人

的勞動來佔有他的文化。〗

不這樣說反而用〖並且因爲〗這種曖昧的字眼來插進一個第二命題，以便從這第二命題中而不是從第一命題中抽引出結論來。

本條第二部分：〖有效的勞動祇有在社會裏和通過社會才是可能的。〗

照第一個命題，勞動是一切財富和一切文化底源泉，因此，也沒有一個社會沒有勞動是可能的。現在我們遇到相反的，即沒有一個〖有效的〗勞動沒有社會是可能的。也可以同樣妥當地說：祇有在社會裏無用的甚而危害公衆的勞動能構成一種職業種類，祇有在社會裏，人可以靠懶惰爲生等等。——一句話，可以抄襲整個的盧騷[19]。

那麼什麼是〖有效的〗勞動呢？祇是產生出預期的效用之勞動。一個野人——人脫離了猿的狀態以後，他是一個野人——用石頭打死一個動物，收集了果實等等是作了有效的勞動。

第三，結論：〖並且因爲有效的勞動只有在社會裏和通過社會才是可能的，——勞動底所得，不折不扣地，以平等的權利，屬於一切社會成員。〗

漂亮的結論！如果有效的勞動只有在社會裏和通過

社會才是可能的，勞動底所得屬於社會——並且祇有不必維持勞動底條件（即社會）的那一部分才歸各個工人所得。

事實上，這種命題在任何時候都被任一時期的社會現狀底擁護者們認作通用。首先政府（及與它粘連着的一切）這樣主張，因爲它是保持社會秩序的社會機關；其次，各種私有財產這樣主張，因爲各種私有財產是社會底基礎等等。我們看到，這種空洞辭句是可以隨便掉換和運用的。

本條第一二部分祇有在下述這個敘法中才有某種明瞭的關聯：〖勞動祇有當作社會的勞動〗，或者說〖在社會裏和通過社會〗也一樣，〖才能成爲財富和文化底源泉〗。

這句命題是無可爭辯的正確，因爲即使單獨的勞動（假定它有了物質的條件）也能產生使用價値，但不能產生財富或文化。但是另外一句話也同樣是無可爭辯的：

〖跟着勞動社會地自己發展以及因此成爲財富和文化底源泉之程度，也發展着工人方面的窮苦和無保障性以及非勞動者方面的財富和文化。〗

這是全部至今歷史的規律。所以不是擬就關於所謂

〖勞動〗或所謂〖社會〗的一般辭句，而是這兒要肯定地指出怎樣在今天的資本主義社會裏結局已創造了物質等等的條件，促成與迫使工人們斬斷那社會罪根。

實在，這整個在體裁上內容上都弄錯了的條文，只是想把拉薩爾[20]派底口號即〖不折不扣的勞動底所得〗寫到黨底旗幟上來。以後我還要談到〖勞動底所得〗和〖平等的權利〗等等，因爲這同一個事物在多少不同的形式中重新出現着。

2，〖在今天的社會裏勞動手段是資本家階級底獨佔。工人階級受這個獨佔所制約的從屬性是一切形態的貧困和奴役底根源。〗

這段從國際規約[21]中引借的文章，在這個〖修正〗版中是錯誤的。

在今天的社會裏，勞動底手段是土地所有者（土地所有權底獨佔甚而是資本獨佔底基礎）和資本家底獨佔。國際規約在該段中沒提出壟斷者們底這個或其他的階級。它說到〖勞動手段底，換言之，生活源泉底獨佔。〗追加句子：〖生活源泉〗，充分表明土地是包含在勞動手段之內的。

這修正被提出了，因爲拉薩爾，由於現在大家都已知道的理由，只攻擊資本家階級而不攻擊地主[22]。在英國，資本家大都不是他的工廠建設地底所有者。

3： 〖勞動底解放要求提高勞動手段爲社會底公共財產及全部勞動之合作的規制與勞動底所得之公平的分配。〗

〖提高勞動手段爲公共財產〗應該說把它們〖改變成公共財產〗，不過這只是附帶的。

什麼是〖勞動底所得〗？勞動底生產物或生產物底價值？而且在後一場合內，是生產物底總價值，或者祇是勞動從新追加到被消費了的生產手段底價值上去的價值部分呢[23]？

〖勞動底所得〗是拉薩爾安在一定的經濟概念底地位上的一個空洞的觀念。

什麼是〖公平的分配〗呢？

不是資產者們都在主張現在的分配是公平的嗎？並且在事實上，它在現今的生產方式底基礎上不是唯一的〖公平的〗分配嗎？經濟關係由法（權利）底概念來規制呢？或者反過來法（權利）底關係從經濟關係中生長起來呢？不是在社會主義的各宗派[24]之間關於所謂〖公平的〗分配有各種不同的觀念嗎？

爲了要知道在這裏對於〖公平的分配〗這句話是怎樣想像的，那末，我們必須把第一條和第三條來對照一下。第三條是假定一個社會，在這個社會裏，［勞動手段是公共財產並且全部勞動是合作地規制的］，而從第一條裏我們看到［勞動底所得按照平等的權利不折不扣地屬於社會全體成員］。

［屬於全體成員］？也屬於不勞動者嗎？那末不折不扣的勞動底所得在那兒呢？只是屬於勞動的社會成員嗎？那末一切成員底［平等的權利］又在那兒呢？

［全體成員］和［平等的權利］等等顯然地只是一種說法而已。問題底要點是：在這個共產主義的社會裏，每一個工人必定得到［不折不扣］的拉薩爾式的［勞動底所得］。

我們首先把［勞動底所得］按照勞動生產物底意思來看，那末合作的勞動底所得就是社會的全部生產物。現在從全部生產物裏應該扣去：

第一，抵償那已經用去的生產手段底補充。

第二，爲了擴張生產追加的部分。

第三，預備基金和保險基金，應付因自然變故等而發生的災害和障礙。

從［不折不扣的勞動底所得］中這些扣除是一個經濟的必要，至於它的大小應按照現存的手段和力量來確定，一部分用百分比（公算）來計算，但無論如何沒有辦法用〖公平〗來計算。

全部生產物底其他部分，決定作爲消費手段之用。

在這部分作個人的分配之前，還有一些要從這裏扣除的：

第一，一般的不屬於生產的管理底費用。

這部分一開始就會和現在的社會比較大大地受到限制，並且跟着新社會發展在同一程度中減少下去。

第二，注定屬於共同滿足種種需要者，如敎育衞生設備等等。這一部分和現在的社會比較起來顯然早就發達，並且跟着新社會發展在同一程度中增加起來。

第三，對於無力勞動者的基金，簡括地說，凡今天屬於所謂官辦的慈善事項。

現在我們才論到〖分配〗，這個綱領在拉薩爾派的影響之下，偏狹地只單注意它，即只注意被分配在合作社底個別生產者之間的消費手段底部分[25]。

〖不折不扣的勞動底所得〗已經暗中變成〖有折有扣的所得〗了，雖然生產者在以私人底資格所喪失了的又直接或間接地以社會成員底資格收回來。

跟着〖不折不扣的勞動底所得〗這句話之消失，立刻連〖勞動底所得〗這句話也就根本消失了[26]。

· 18 ·

在基於生產手段公有之上的合作的社會裏，生產者並不交換他們的生產物；在這裏變成生產物的勞動也同樣不表現爲這些生產物底價值，不表現爲它們所具有的物件的特性，因爲現在，和資本主義社會相反，個人勞動已不是在一個間接的方式上，而是直接當作總勞動底一個構成部分存在着。『勞動底所得』這個字在現在因其意義含糊而招遺棄，這樣就喪失了一切意義。

此地我們所要討論的不是在自己的基礎上發展起來的這種共產主義社會，相反地而是這樣一種共產主義社會，它剛從資本主義社會裏生長起來，從而它在一切方面，經濟上風俗上以及精神上，還保存着舊社會——它是從它的胎盤裏生長出來的——底殘跡(母斑)。適合這個情形，個別的生產者給與社會什麼——在各項被扣除之後——精確地收穫回來。他所給社會的，就是他個人的勞動量。例如一個社會的勞動日由所有個人的勞動時間底總合所形成。個別生產者底個人勞動時間是社會的勞動日之由他所供給的一部分，是他的一份加在這個社會勞動日裏。他從社會獲得一種證券證明他（扣除了他爲公共基金的勞動之後）供給了多少勞動，於是他憑券從消費手段底社會儲蓄中取出與他的勞動相等的那麼多東西。他在一個形態中給了社會一個勞動量，又在另一個形態中取回了同一勞動量。

此地顯然通行着一個規制那商品交換（只要這交換是同等價值的）的同一原則。內容和形式是變更了，因爲在變更了的環境之下，除了他自己的勞動之外，都沒有什麼其他的東西可以供給，並因爲另一方面除了個人的消費手段之外沒有什麼其他東西可以成爲個人底財產。但是關於消費手段在個別生產者之間的分配，就通行着如像在商品等價物底交換裏通行的同一原則：某一個形態的同量勞動可以與另一個形態裏的同量勞動交換。

所以此地**平等的權利**在原則上仍然是**資產者的權利**。儘管原理和實行早已不相矛盾，而在商品交換上等價物底交換僅僅在總**平均**中出現，並不是在單獨的場合中出現。

雖然有這種進步，這種**平等的權利**還常常負担着資產者的限制。生產者們底權利是與他們的勞動供給**相均比**的；平等就是以**平等的尺度**，即勞動，來計量。

一個人在生理上或精神上比另一個人來得强，因此在同一時間內供給更多的勞動，或者能够勞動更長時間；並且爲了把勞動當作尺度來使用，必須按照它的延長和强度來規定，不然勞動就不成其爲尺度了。這個**平等**的權利是一個對於不平等的勞動的不平等的權利。它不承認階級底差別，因爲每一個人像其他一個人一樣只是勞動者；但是它默認不平等的各人的天賦及工作能力爲自然的特權。所以根據它的內容來講，如像一切權利一樣是不平等底一個權利。這個權利，根據它的性質來講，只能在使用平等的尺度中成立；但這些不平等的個人（如果他們不是不平等的，那他們就不成其爲各別的個人）只能用平等的尺度去計量，只要把他們放在平等的觀點之下，只要從一個確定的方面去把握他們，譬如在當前的場合裏，把他們只當作工人看，再不在他們裏面看其他什麼而忽視其他一切的話。還有，一個工人已經結婚了，另外一個還沒有；一個工人比另一個工人有更多的兒子等等。所以在平等的勞動支出上以及在對於社會的消費資源之平等的份額上，這一個工人在事實上比另一個取得更多些，某一個工人會比另一個工人更富足些等等。要避免一切這些缺點，權利就不能平等，只好不平等[27]。

不過這些缺點在共產主義社會底第一個階段上是不可避免的，因爲這社會剛從資本主義社會裏經過長期的誕生底痛苦之後才產生出來。權利決不能高過於社會底經濟的狀態以及由此而決定的文化發展[28]。

在共產主義底更高階段上，在個人之奴役的從屬於分工以及因此而生的精神勞動和肉體勞動底對立消滅之後，在勞動本身變成不單是生活底手段而且是第一個生活需要之後，在生產力跟着人們一切方面的發展也增强起來，並且在合作的財富底源泉更豐富地湧流出來之後——然後能够完全超過那些狹隘的資產者的權利底眼界，這個社會在它的旗幟上寫着：各盡所能，各取所需[29]！

我一方面廣泛地討論了〖不折不扣的勞動底所得〗，另一方面討論了〖平等的權利〗和〖公平的分配〗，以便指出他們是怎樣地太放肆了。他們一方面企圖强迫我們黨接受那在某一時期有些意義但現在早已變成陳舊空話的一些見解再當作教條；另一方面企圖又用觀念的權利以及民主主義者和法國社會主義者所常用的其他種種空論來調換我們的現實主義的觀點，這個現實主義的觀點曾那樣費力地被帶來給黨，不過現在已經在黨內打下了根基。

除了上面所展開的一些之外還大事喧嚷其所謂的分配，而把重心放在它上面，這是根本錯誤的。

消費手段之每次的分配，只是生產條件本身之分配底結果。生產條件底分配是生產方式本身底一種性格。例如資本主義的生產方式就建築在下述事實上：物的生產條件在資本所有和土地所有底形態之下分配給不勞動者，至於大衆只是人的生產條件即勞動力底所有者。如果生產底諸要素照這樣分配，那就自然而然產生消費手段底現今的分配。如果物的生產條件是工人們自己底合作的財產(所有權)，那也同樣自然而然產生消費手段之與今天不同的分配。庸俗社會主義（並且其中一部分是民主主義)，從資產階級經濟學家們那兒借辦法來，把分配當作和生產方式無關的東西來觀察處理，因此把社會主義主要當作在分配周圍打轉的東西來表現[30]。早已弄明白了眞實關係以後，爲什麼還要倒退？

4：〖勞動底解放必須是工人階級底事業，與之相對立的一切其他階級只是一個反動的集團。〗

第一句是從工人國際規約底開頭語裏拿來的，不過是〖修正了〗。那裏寫着：〖工人階級底解放必須是工人們自己的事業[31]〗；而此地却相反地〖工人階級〗要解放什麼？〖勞動〗。誰能懂得誰去懂得吧。

反過來，轉句[32]完全是拉薩爾的引用原文：〖和它（工人階級）相對立的一切其他階級只形成一個反動的集團〗[33]以這作爲補償。

在共產黨宣言裏這樣說：〖在現在與資產階級對立

的一切階級之中，只有無產階級是眞正革命的階級。一切其餘的階級都走向沒落，並將隨着大工業底發展而消滅；而無產階級則是它本身的產物。」[34]

這兒，資產階級是被當作革命的階級看的——當作大工業底担負者——針對着封建地主和中等身份，這批人們才要求保持一切社會的地位——過時了的生產方式底產物。所以他們並不和資產階級一起形成單只一個反動的集團。另一方面，和資產階級相對立的無產階級是革命的，因爲它本身是在大工業底基地上長成的，力圖解脫生產之資產階級所企圖永遠維持的資本主義的性格。不過，宣言曾添加上，「中等身份將會是革命的，當他們望到就要轉入無產階級裏去時。」[35]所以從這個見地看去，說中等身份和資產階級一起甚而和地主一起，對於工人階級，「形成只是一個反動的集團」。這又是荒謬。

在最近數次選舉運動中[36]誰向手工業者、小工業家等等以及農民們公然說：對於我們，你們和資產階級及封建主一起形成一個反動的集團嗎？

拉薩爾在外表上知道共產黨宣言，和他的信徒們在外表上知道他親手的神聖著作一樣。如果他這樣粗魯地改纂宣言，那末他的用意明明只是想粉飾他與專制主義

· 24 ·

和封建主義的政敵們底反資產階級底聯合而已[37]。

尤共在上面一條裏他的〖格言〗是牽强附會的，和那從國際規約裏引來的改壞了的引文毫無關聯。所以這兒只不過是一種無恥，並且絕不是俾斯麥先生所不滿的，是柏林的馬拉所作的那種廉價的粗魯底無恥[38]。

5：〖勞動階級爲它的解放首先在今天的民族國家底範圍內努力，並自己意識到，它的努力底必然的結果——這是一切文明國度底工人所共同的——是國際的諸民族底兄弟聯合。〗

拉薩爾反對着共產黨宣言並反對着以前所有的社會主義，從最狹隘的民族立場來理解工人運動。人們還追隨着他，而且這是在第一國際底行動之後[39]！

這完全是自明的道理：爲了總要能够鬥爭起見，工人階級必須首先在自己的國內組織成階級，而國內便是它鬥爭底直接的戰場。在這一點上，工人階級底鬥爭並不在內容上，而是像共產黨宣言所說〖在形式上〗是民族的[40]。但〖今天的民族國家底範圍〗例如德意志帝國底範圍又在經濟上站在世界市場底〖範圍〗內，在政治上站在國家體系底範圍內。任何一個最能幹的商人都知道德國的商業同時就是國外的商業，俾斯麥先生底偉大恰正就在於他的一種國際的政策裏[41]。

那末，德國工黨把它的國際主義歸根到什麼上去呢？歸根到〖它的努力底結果將成爲國際的諸民族底兄弟聯合〗這個意識上去——歸根到一種從資產階級的〖自由和平同盟〗[42]那裏剽竊來的語句上，把它當作等價物來代替各國工人階級在反對統治階級及其政府的共同鬥爭中之國際的諸民族底兄弟聯合。而關於德國工人階級底國際的諸作用沒有一個字！要德國工人階級這樣來和本國的早已和其他一切國度底資產者們結拜兄弟來反對工人階級的資產階級和俾斯麥先生底國際的陰謀政治[43]相對抗！

事實上這個綱領底國際的見識比那自由貿易黨底國際的見識還無限地低。自由貿易黨也主張說，它努力底結果將是〖國際的諸民族底兄弟聯合〗。但是自由貿易黨也還做了一些事使商業國際化，而決不滿足於一切民族各自在國內進行商業這個意識。

工人階級底國際的活動無論那種都不依靠〖國際工人聯合會〗底存在，〖國際工人聯合會〗只是第一個企圖想給那種國際活動創立一個中央機關，第一次企圖經過它所給與的推動有留存的成績，不過巴黎公社失敗之後，在它的第一個歷史的形態內已不能持久進行了。

俾斯麥底北部德意志新聞[44]完全是對的，它爲了它的主人底满意起见，宣傳說德國工黨在新的綱領內拋棄了國際主義[45]。

二

〖從這些基本原則出發，德國工黨竭力想用一切合法手段來達到自由的國家——和——社會主義社會；工錢制同工錢鐵律底廢止——和——任何形態的剝削底廢止；一切社會的政治的不平等底消除。〗

關於〖自由的〗國家，我們後面再講。

那麼將來德國工黨不得不相信拉薩爾底〖工錢鐵律〗了[46]。為了它不至於消滅起見，他們甚而說〖工錢制度〗（應當說〖工錢勞動〗底制度）同〖工錢鐵律底廢止〗那種無聊話。如果我廢止了工錢勞動，那麼我當然也廢止了它的法則，不管它是鐵的或海綿的。但拉薩爾之攻擊工錢勞動差不多只圍着這所謂規律打圈子。所以為欲證明拉薩爾派底勝利起見，必須工錢制度和工錢鐵律一同廢止而不是不要這個。

大家知道，從〖工錢鐵律〗那裏只不過從哥德底〖偉大的永遠的鐵的規律〗那兒借來的那個〖鐵的〗字眼屬於拉薩爾。這個〖鉄的〗字眼是一個信號，正統信徒們藉以認識自己。但是如果我接受那個附有拉薩爾印記因此在他底意義之下的規律，那麼我也應當和他的論據一同接受它。他的論據是什麼？蘭格[47]早已在拉薩爾死後不久指出，它（蘭格親自宣傳的）就是馬爾薩斯人口論[48]。那麼，倘若這個理論是正確的，儘管我廢止了工錢勞動到一百次之多，也不能廢止這個規律，因為這個規律不僅支配着工錢勞動底制度並且還支配着每一個社會的制度。許多經濟學家自從五十多年來恰恰立足在這上面，證明社會主義不能廢止自然造成的貧困，而只能把它普遍化，同時把貧困分散在社會底整個表面上！

不過，這一切都不是主要的事體，完全不管這個規律底錯誤的拉薩爾式的了解，眞正動怒的退步是在於：

自從拉薩爾死後[49]在我們的黨內，科學的見解是開展了，認為工錢不是它好像應該是那樣的東西，換言之，不是勞動底價值或價格，而只是勞動力底價值或價格底掩蔽形態。因此，工錢底全部至今的資產階級的觀點，以及全部至今的反對這種觀點的一切批評，就永遠被拋棄到垃圾堆裏去了，並且明白了：工錢勞動者只有替資本家們（因而同時替他們的剩餘價值底共享者們）

無報酬地做一定時間的工作之後，才得到許可爲自己的生活而工作，換言之，才能活命，資本主義底生產體系圍繞着下述一點旋轉着：通過勞動日底擴展，或生產率底發展，或勞動力底更大的緊張來延長無償勞動；那麼，工錢勞動底制度是一個奴隸制度，並且這個奴隸制度跟着勞動底社會生產力底發展程度而越加困苦，不管工人是否得到較好的或較壞的報酬[50]。自從這個見解在我們的黨內更加開展了以後，還要倒退到拉薩爾底教條上去；雖然他們知道拉薩爾不懂得什麼是工錢，而跟在資產階級經濟學家背後把表相當作事物的本質。

這好像在已經發覺了奴隸制度底秘密而反抗起來的奴隸們裏面有一個受舊思想束縛的奴隸在起義底綱領上寫道：奴隸制度必須廢止，因爲在奴隸制度內，奴隸底給養不能越過一定的低劣的最大限度！

我們黨底代表們對那廣佈在黨員大衆中的見解竟敢做出這樣巨大的暗害，這個單純的事實不只證明他們以何等粗魯的大意和何等的無見識去進行草擬這種妥協綱領！

用不着本條底那個不明確的結語『消除一切社會的政治的不平等』。應該說隨着階級差別底廢止，一切由此而生的社會的政治的不平等也就自己消失了。

三

〖德國工黨，爲了替社會問題底解決開拓途徑起見，要求在勞動人民底民主的監督下以國家底輔助來設立生產合作社，這些合作社應當爲了工業和農業喚起活動，以致全部勞動底社會主義的組織從它們裏面發生出來。〗

在拉薩爾底〖工錢鐵律〗之後還有預言者底救世良方。它在威嚴的方式裏被〖開拓途徑〗。在現存着的階級鬥爭底地位上出現了新聞記者底術語：〖社會問題〗，這問題底〖解決〗有人〖開拓途徑〗。不是從社會底革命的改變過程中，而是從國家拿給生產合作社的〖國家輔助〗裏發生出〖全部勞動底社會主義的組織〗，並且這種生產合作社是國家而不是工人〖喚起活動〗的。說能够拿國家公債來如像建設一條新鐵路一樣去建設一個新社會，這眞不愧爲拉薩爾底幻想。

因有羞恥底一點殘餘，把〖國家底輔助〗放在〖勞動人民底民主的控制之下〗。

第一，在德國〖勞動人民〗大多數是由農民而不是由無產階級形成的。

第二，〖民主的〗在德文裏面是〖人民統治的〗。但什麽是〖勞動人民底人民統治的控制呢〗？何況現在面臨一個勞動者民衆，它通過這些向國家提出的要求來表述他們充分的意識，說：它既沒有占着統治，也沒有成熟到統治！

這兒來批評蒲釋[51]在路易斐立普[52]下面爲了反對法國社會主義者們所寫成的而由作坊[53]派的反動工人所採用的藥方是多餘的。主要的過失不在於他們在綱領裏寫了這個特殊的秘方，而是他們根本從階級運動底立場上倒退到宗派運動底立場上去。

說工人們要求把合作的生產底條件在社會的首先在民族的規模上建立起來，那末，這只是說他們向現在的生產條件底變革而努力，與以國家底輔助來建立合作社毫無相同之處。至於現在的合作社，至少要它是獨立的不受國家以及資產階級保護的工人底創造物才有價值。

四

現在我們談到民主的一章。

A 〖國家底自由的基礎。〗

第一，照第二章所說，德國工黨爭取〖自由的國家』。自由的國家——這是什麼呢?

把國家弄成自由的，這決不是從那受束縛的隸從思想中解放了出來的工人底目的。在德意志帝國裏面『國家』差不多和在俄國一樣『自由』。自由是在於把國家由一個高高在社會之上的變成從屬社會的機關，就是今天，國家底種種形態較自由或較不自由，是要看這些形態限制『國家底自由』到什麼程度。

德國工黨——至少，如果它把這個當作它的綱領——表示：社會主義的理想在它裏面一點也沒有超過膚淺的程度；他們不把現存的社會（將來的每一個社會也一樣）當作現存的國家底基礎（或者不把未來社會當作未來國家底基礎）看，反而把國家看作一個獨立的本質，具有它自己的精神的、道德的以及自由的基礎。

甚而綱領用『今天的國家』、『今天的社會』等等字句來推行荒謬的濫用，尤其關於它向之提出要求的那個國家，造成更荒謬的誤解。

『今天的社會』是資本主義社會，它在一切文明國度裏存在着，它或多或少地脫離了中世紀的附隨物，或多或少地因各國特殊的歷史發展而改變着，或多或少地發展着。相反地，『今天的國家』跟着國境而變遷着。國家在普魯士德意志帝國和在瑞士不同，在英國和在美國不同，那末這『今天的國家』是一個虛構。

不過，各個不同的文明國度底不同的國家，儘管各有種種形態底差別，都有着共同點，即它們都站在一個資本主義或多或少發展了的近代資產階級社會底地基上。因此，它們也有着某種的共同的根本性格。在這個意義下可以談論『今天的國家組織』，以別於將來，那時它底今天的根基，即資產階級社會，早已死滅了。

那末要問：這國家組織將來在共產主義社會裏會經歷怎樣一種變化呢？換句話說，那一些社會機能在那兒留剩下來而和今天的國家機能相類似呢？這個問題只能科學地回答，儘管人民這個字與國家這個字經過千重的輳合也不能有些許的接近這個問題。

在資本主義社會和共產主義社會之間有着一個前者轉入後者之革命的轉變時期。與這個時期相適應的也有一個政治上的過渡時期，這個時期底國家除了無產階級底革命的專政以外[54]，不能是別的任何東西。

這個綱領既與無產階級底革命的專政無關，也與共產主義社會底未來的國家組織無關[55]。

它的政治要求，不過是陳舊的世人皆知的民主主義的禱告；普選權、直接立法權、民衆權利、民衆底防禦（武裝）等[56]。這些只是資產階級的人民黨[57]及『和平自由同盟】底單單的反響。這些要求，只要不在空想裏過分誇大，是早已實現了的。不過實現了這些要求的國家不在德意志帝國的國境裏而是在瑞士、美國等等。這種〖未來底國家〗是一個今天的國家，雖然是在德意志帝國底〖範圍〗以外存在着。

但是人家忘記了一件事體。因爲德國工黨明確地聲明，要在〖今天的民族國家內〗，那末是在它的國家內即在普魯士德意志帝國內進行運動，——否則，它的許多要求也就大部分無意義了。因爲人只要求他所沒有的——那末，它就不應該忘記一件主要的事體，就是說一切那些美麗的小玩意都寄託在所謂人民主權底承認上，所以只有在一個民主共和國內部這些東西才適合。

因爲沒有勇氣，——並且因爲情况要求謹慎——要求民主共和國，如像法國工人綱領在路易斐立普和拿破崙[58]第三底統治下所作的那樣——這樣就不該逃避到既不名譽也無價值的口實裏面去，向一個拿議會形式來粉飾門面、和封建殘餘混在一起，已經受到資產階級底影響，官僚主義地組成的、用警察來保衛的軍事專制主義的國家[59]要求只有民主共和國裏面才有意義的事物，並且還要對這種國家供認，他們自以爲能够用〖合法的手段〗向它强求這些。

就是庸俗民主派把民主共和國當作千年王國看，但萬萬想不到恰恰在資產階級社會底這種最後的國家形態裏面階級鬥爭要澈底決鬥，就是他們也要比這種在被警察所許可而不被邏輯所許可者底範圍內的民主派高得多[60]。

事實上，他們把〖國家〗了解爲政府機器，或者把國家看作一個由於分工而離開社會的特殊有機體，這個已由下面字句來表示着：〖德國工黨要求唯一的累進的所得税作爲國家底經濟基礎〗等等。賦税只是政府機器底經濟基礎；而不是任何其他東西。在瑞士存在着的〖未來底國家〗裏這些要求已經差不多實現了。所得税要以各個不同的社會階級底各個不同的所得來源做前提，那末是以資本主義社會作前提的。所以利物浦的財政改革派——以格拉斯東[61]底兄弟爲首的資產者——提出和這個綱領相同的要求，是沒有什麼奇怪的。

B　**德國工黨要求下列各項作爲國家底精神的道德的基礎：**

甲　**〖由國家來實施一般的與平等的國民教育，一般的入學義務，免費教育。〗**

平等的國民教育？他們在這些字句裏想像些什麼？難道他們相信在今天的社會裏（並且他們只有對今天的

社會做工作）教育對於一切階級能够平等嗎？或者他們要求上層階級也勉强把它的教育程度還原到最低教育——國民小學（只有這種最低教育才和不單工錢勞動者們甚而農民們底經濟關係相適合）嗎？

〖一般的入學義務，免費教育。〗第一個要求就在德國也存在着，第二個要求在瑞士和美國對國民學校實施着。如果在美國幾個省份也有些較高的教育機關是〖免費的〗，這不過是在事實上從一般的錢糧袋裏替上層各階級支付了他們的教育經費而已。附帶地這也適用於〖A組第五項所要求的免費裁判〗。刑事裁判到處都是免費的；民事裁判差不多只是爲財產底爭執，那末差不多只涉及佔有者階級。那末他們是要以民衆底錢囊來負担他們的訴訟費嗎？

關於學校的那一條至少應該把專門學校（理論的和實踐的），與國民學校聯繫起來要求。

〖由國家來實施國民教育〗這一條是應當完全拋棄的。

用一般的法律來確定小學底經費，教育人員底資格，授課底部門等等，以及像美國所實行的那樣用國家視察員來監督這些法律的規定底實施，是一件事，指定國家爲國民教育者是另外一件事！相反地，應該把政府和教會同樣地從對於學校的任何影響中排斥出去。在普魯士德意志帝國內國家需要反過來由人民給它以嚴厲的教育（並且他們用那種腐臭的遁辭來說 他 們 說 着一個〖未來底國家〗也無所裨益，我們已經看到它是怎樣一回事）。

整個綱領，儘管它有一切民主的聲響，完全由拉薩爾派底對國家的隸屬信仰所傳染了。或者，也不更好些，給民主的神秘信仰所傳染了，或者毋寧說這個綱領是這兩種和社會主義隔離同樣遠的神秘信仰底一種妥協。

〖科學底自由〗在普魯士憲法的一條裏已經有了。那末，這兒爲甚麼！

〖信仰底自由！〗如果他們當這個文化鬥爭[62]底時候，使自由主義想起它以前的口號，那 末，它 只 能 在這樣的形態裏實現出來：每一個人都應該能够實現他的宗教的以及肉體的需要，毋須警察干涉。但是工人階級的黨應該乘此機會說出它關於這個問題的自覺，資產階級的〖信仰底自由〗除了容忍一切可能種類底宗教的信仰底自由之外，就沒有其他，而相反地，工黨是要力圖把信仰從宗教的妖氛中解放出來[63]。然而他們情願不超過這個〖資產階級的〗水準。

現在我就要結束了，因爲附隨在綱領裏的附錄[64]不形成綱領底特徵的構成部分。所以我在這兒很簡單地概括之。

乙　〖標準勞動日。〗

沒有那一國底工人政黨會限制在這一個模糊的要求上，而是經常地確定勞動日底在一定的情形下它認爲正常的長度。

丙　〖限制婦女勞動和禁止童工。〗

勞動日底規範化，凡關於勞動日底長短和休息等問題，已經應該包括婦女勞動底限制：否則，婦女勞動底限制只能表示從某些特別有害婦女健康或有傷女性風化的勞動部門中排除婦女勞動而已。如果想到這點，那末就應該說出來。

〖禁止童工！〗此地絕對需要指明年齡底限度。一般的禁止童工是和大工業底存在不相容的，所以只是空洞思誠的希望。

一般的禁止童工之實施——即使可能——會是反動的，因爲當按照各種年齡階段與根據其他保護兒童的辦法來嚴格規定勞動時間的時候，生產勞動和敎育之早期的結合是今天的社會底强有力的變革手段之一。

丁　〖工廠工業、作坊工業和家庭工業之國家監督。〗

對於普魯士德意志國家還要切實要求視察員只能經過審判來罷免，每個工人都能夠向法庭告發視察員底違反職務；視察員必須是醫生出身。

戊 〖監獄勞動底規定。〗

在一個一般的工人綱領裏面是一個細微的要求。無論如何應該明白說出不容許拿侮蔑心理去虐待一般犯人像牲畜一樣，而來斬斷他們唯一的改正底手段即生產勞動，這是從社會主義者手裏期望得到的最低限度。

己 〖有效的保護法。〗[65]

應該指出有效的保護法是什麼意思。

順便講一講，他們論標準勞動日之際忽略了工廠法底關於工廠衛生和預防危險的保護方法等等那一部分。一旦這些規定遭到違反時，〖有效的保護法〗應發揮作用。

簡言之，連這個附錄也表明自己是由不審愼的編輯來造成的。

〖我講了，我的精神得救了。〗

恩格斯論「哥達綱領」

給伯伯爾的信

親愛的伯伯爾[66]！

我接到了你二月二十三日的信，並且很欣慰你的身體康健。

你問我，我們對於合併底經過取什麼態度。可惜我們所處的境地和你的一樣。李卜克內西以及其他人都沒有一點消息寄給我們。因此，直到大約八日前到來了綱領草案之前，我們所知道的也只是報紙上所登載的而已，而且報紙上也沒有登載什麼。這個草案實在使我們大吃一驚。

我們的黨旣屢次伸手向拉薩爾派要求和好或者至少要求合作並且屢次遭哈仁克勒夫、哈塞爾曼和透爾格[67]

等人那樣侮蔑的拒絕，那末，每個小孩都應該從此得到這樣一個結論，就是：如果這批先生們親自來要求和好，那他們一定是處於絕境了。論到這些人們底世人皆知的性格，那末，我們的責任，就是利用這種絕境以取得一切可能的保障，使那些人們不能够損害我們的黨而恢復他們在公開的工人輿論裏面已經動搖的地位。我們正應該拿極冷淡的不信任的態度去對待他們，並且合併底問題要看他們準備放棄他們宗派口號和國家輔助到什麽程度以及根本上採用一八六九年[68]的愛森拉赫綱領或者這個綱領之合乎今日需要的修正案到什麽程度而定。我們的黨在理論方面，從而在對於綱領最主要的方面絕對沒有什麽應當從拉薩爾派那裏學習了；然而，拉薩爾派確實可以從我們黨這裏學到東西。合併底第一個條件是他們必須停止爲宗派者，即停止爲拉薩爾派，那末，他們首先把那所謂〖國家輔助〗這救世靈丹即使不完全放棄，但無論如何要把它當作一個附屬的過渡辦法來承認，放在其他許多可能的辦法之下或者並排在一起。綱領草案證明我們的人們在理論上要比拉薩爾派底領袖們高超百倍——而他們在政治的機警上却同樣程度地不長進；〖誠實者〗[69] 又一次給不誠實者粗暴地欺凌了。

第一，接受了拉薩爾派吹得震天響但在歷史上錯誤的語句：〖和工人階級對立的所有其他的階級只是一個反動的集團〗[70]。這個命題只在個別的例外場合裏是眞實的，例如在巴黎公社那樣的無產階級底革命裏面，或者在一個不單資產階級已經把國家和社會按照它的意像來鑄成，並且民主的小資產階級層也跟着資產階級澈底實行了這種改造的國度裏是眞實的。例如在德國，如果民主的小資產階級屬於反動的集團，那末，社會民主工黨怎能和人民黨[71]手攜手合作了那麼多年？人民國家[72]報怎能從小資產階級民主派的弗蘭克府報[73]中接受了差不多全部的政治內容？並且怎能採納不下於七個之多的要求——這些要求是直接地而且字句上都符合於人民黨和小資產階級民主派底綱領的——到這同一的綱領裏來呢？我說的七個要求是從1到5以及從Ⅰ到Ⅱ，其中沒有一個不是資產階級民主主義的[74]。

第二，工人運動國際性底原則今天在實踐上已遭完全拒絕了，並且是被那些五年來在最困難情況下以最光榮的方式高舉這個原則的人們來拒絕的。德國工人底地位所以站在歐洲運動之前，根本上是基於他們在戰爭期間的眞正的國際態度；沒有其他的無產階級表現得這樣好[75]。然而，現在這個原則竟被他們所拒絕，正值外國各處政府極力鎮壓想在任何一個組織中實現這個原則的企圖，而工人們則以同一程度强調這個原則的時候！那末，從工人運動底國際主義上剩下來的還有什麼？暗淡的展望——一次也不曾看到歐洲工人們爲他們的解放之較近的共同努力——不望到將來的國際的民族團結——只望到和平同盟的資產者底〖歐洲聯邦〗！

當然一點也不必說到第一國際本身。但至少不該比一八六九年的綱領倒退，並且說什麼：雖然德國工黨首先在它所處的國境之內活動（它沒有權利用歐洲無產階級底名義來講話，尤其不應講錯），但它意識到它和各國工人底團結一致並且經常準備着，如像過去以及在將來，履行這個團結一致所課加在它身上的義務。這種義務，即使不直接宣佈或承認爲〖國際〗底一部分，也仍然存在着，例如，救濟和阻止罷工裏面的搗亂，黨機關報報告外國運動來教育德國工人，以宣傳鼓動反對威脅着的或正值爆發的內閣戰爭，像在一八七〇——一八七一年間模範地實行過的態度等等。

第三，我們的人們讓拉薩爾底〖工錢底鐵律〗[76]橫加在他們頭上，〖工錢底鐵律〗是基於一個完全陳腐了的經濟見解之上的，就是說：工人平均只得到工錢底最低額，因爲根據馬爾薩斯人口論，工人總是過多的（就是拉薩爾底論證)。但馬克思已在資本論裏詳細指出，那支配工錢的規律是很複雜的。跟着各種情況，一時這個因素一時那個因素重要些，那末，這個規律决計不是鐵的，而相反地是很有伸縮性的，所以决不像拉薩爾所想像的那樣用三言兩語可使了結的。拉薩爾從馬爾薩斯和李嘉圖那兒抄襲來的（並且改篡了後者）那個規律底馬爾薩斯論據，例如拉薩爾底工人讀本第五頁從拉薩爾另外一本小册子[77]裏引用過來的，已被馬克思在〖資本底積蓄過程〗（見資本論第一卷二十三章）那章裏面批駁得很詳細。那末，因接受了拉薩爾底鐵律之故，他們已走向一個錯誤的命題以及他的錯誤根據。

第四，綱領當作唯一的社會的要求，提出了拉薩爾底〖國家輔助〗，其方式之極端露骨正像拉薩爾從蒲塞那兒所剽竊來的一樣。而這是在白拉克很詳盡地指出了這個要求底全部無用之後[78]；而這是我黨底即使不是全部，但差不多一切發言人在和拉薩爾派作鬥爭中都不得不站出來反對〖國家輔助〗之後。我們的黨不能再更低下地服從了。國際主義向亞曼·葛格[79]去低頭，社會主義向資產階級共和主義者蒲塞去低頭，而蒲塞是準對着社會主義者們提出這個要求以便排擠他們的！

即在最好的場合內，在拉薩爾派心目中〖國家輔助〗

在許多其他的方法內，終究祇是一個唯一的辦法，來達到這兒用麻痹字句說出的那個目的：〖為欲替社會問題底解決開拓途徑〗，好似對於我們還有一個理論上沒有解決的社會問題！那末，如果有人說：〖德國工黨力圖經過在工業上農業上以及在全國規模上實行合作社的生產，以廢除工錢勞動以及階級差別；它擁護一切眞正能達到這個目標的辦法！〗——這樣拉薩爾派是不會有一點反對的。

第五，關於工人階級通過職工會組成為一個階級的這件事情，一句話也沒有提到。而這是一個極根本的據點，因為這是無產階級底固有的階級組織，在這裏面無產階級實行着它和資本的日常鬥爭，在這裏面無產階級訓練自己，這個組織到今天，就像現在巴黎那樣處在最惡劣的反動情形之下也不會完全破壞。在這個組織在德國也已經達到了的重要性上，我們以為在綱領裏指出它的重要性並且在黨的組織裏公開給它儘可能留下一個地位是絕對必要的。

我們的人們把這一切都討好於拉薩爾派了。那末，什麼是對方底報答呢？在綱領裏列舉了一堆相當模糊的純民主主義的要求，其中多數是純粹的時髦物，例如，所謂〖由人民來立法〗，這在瑞士已經有了，如果它一般地能作些甚麼，那末它所做的是害多益少。由人民來管理，這還有點意思。同樣缺乏着一切自由底第一個條件：一切公務員對於他們的一切職務行爲應向每一個公民在普通法庭前按照一般法來負責。關於在任何資產階級自由主義的綱領裏列舉的而在這個綱領裏不免奇異的要求如〖科學自由〗，〖信仰自由〗，我不想再說下去。

自由的人民底國家改變爲自由的國家。照文法來講，一個自由的國家是這樣一個國家，即對於它的公民們是自由的，那末是一個具有專制政府的國家。應該取消一切關於國家的空談，尤其從巴黎公社以來，公社早已不是原來意思的國家了。〖人民底國家〗是無政府主義者很討厭地誣責我們的，不顧馬克思之反蒲魯東的著作[80]以及後來共產黨宣言[81]都早曾直接說過：跟着社會主義社會秩序底實現，國家會自行解體與消失。因爲國家祇是一個過渡的制度，在鬥爭中，在革命中可用以强力鎮壓它的敵人，所以說什麼〖自由的人民底國家〗是純粹的胡說：只要無產階級還在使用國家，它不是爲了自由底興味來使用它，而是爲了鎮壓它的敵人，一旦自由能够成爲談柄時，那末，國家就會停止其爲國家[82]。所以我們提議到處用〖公團〗（Gemeinwesen）來代替〖國家〗，這一個好的德意志古字，能够很好地代表〖公社〗

(Kommune) 這法國字[83]。

〖廢除一切社會的政治的不平等〗來代替〖取消一切階級差別〗那句話，也是很値得考慮的語句。隨便那一國，隨便那一省，隨便那一個地方，總是存在着生活條件底某種不平等。我們可以把它減少到最小限度，但從不能完全除去。亞爾波斯山裏的居民與平原上的居民總是有着另外的生活條件。把社會主義社會當作平等底國度的觀念是一種法蘭西的片面的觀念，依據着陳舊的〖自由平等博愛〗，這個觀念被視爲那個時代和那個地域底發展階段是正當的，不過這種觀念像一切以前的社會主義派別底片面性一樣，現在應當克服下去，因爲這些只能惹起頭腦中的混亂，並且現在已經找到了事物底精確的表現方式。

我停止吧，雖然這個編得這樣乾燥無力的綱領差不多每一句都應當批評。是這樣的，如果這個綱領被採用了，馬克思和我永不能承認在這個綱領底基礎上所建立的新黨，並且我們不得不嚴重考慮我們對於它應該採取什麼態度——而且也要公開地[84]去對付這個新黨。你想想看，在外國有人把德國社會民主工黨底每個表示與行動都責成我們兩個負責。巴枯寧在他的著作政治和無政府[85]裏就這樣作，在那兒凡是李卜克內西[86]自從民主週刊[87]創辦以來所說所寫的不加思索的一切語句都要我們承認。人家在猜想着，我們從此地指使着整個事件，不過你們一定像我一樣知道，我們差不多從來沒有干涉黨內事件，祇有我們認爲對於錯誤處置的不澈底時，然而也限於理論上的錯誤，我們依據着可能重行改正它。但是你可以理解到，這個綱領形成了一個轉扭點，這個轉扭點很容易逼迫我們對於承認這個綱領的政黨拒絕一切責任。

一般講來，一個政黨底正式綱領要比它的實際作的不重要些。但是一個新的綱領究竟總是一面公然樹起來的旗幟，而且外界也根據綱領來判斷這個政黨。所以決不能含有任何退步像這個綱領與愛森拉赫綱領對照起來那樣。應該想一想，別國底工人們對於這個綱領將會說些什麼：整個德國社會主義無產階級在拉薩爾派面前的屈膝會造成什麼一種印象。

同時我深信，在這樣一個基礎上的合併將不會繼續到一年之久。難道我們黨底優秀分子還參與吟誦那背熟了的拉薩爾關於『工錢底鐵律』以及『國家輔助』的命題嗎?我願意看看假如您遇到這種情形作何表示。如果他們作這個，他們的聽衆將會把他們噓出去。我相信拉薩爾派恰恰固執於綱領底這些章段上，如像猶太人賽洛克[88]

堅持他那一磅肉一樣。分裂將會到來；不過我們又會替哈塞爾曼、哈仁克勒夫和透爾格及其同黨們〖抬高聲價〗；在分裂中，我們將會削弱些，而拉薩爾派會强大些；我們的黨將會喪失其政治上的純潔，並且再也不能反對拉薩爾底空話，因爲我們一時期曾自己把這些空話寫在旗幟上；並且如果拉薩爾派以後再說道：他們是本來的唯一的工人政黨，而我們的人們是布爾喬亞，那末，這個綱領就可以爲之證明。綱領裏面一切社會主義的辦法都是他們的，至於我們的黨除了小資產階級民主主義底諸要求之外，沒有添加任何東西，而這小資產階級民主主義也被他們在同一綱領裏稱爲〖反動羣衆〗底一部分了。

我曾把這封信擱在一邊，因爲你到四月一日慶祝俾斯麥生辰[89]的那天會被釋放，而且我不願意這封信在偷運時有被搜去的命運。恰巧，白拉克底信來了，他對這個綱領也抱着重大的疑慮，願意知道我們的意見[90]。因此，我把這封信寄給他，好讓他閱讀，並且我也可以不必把這些事物從新再寫一道。此外，我也同樣把這眞理寫給蘭姆[91]，.給李卜克內西我只寫的很短。我不能原諒他，他關於這整個事件，一直到了已經太晚的時候還連一個字都沒有通知我們（而蘭姆和其他人都以爲他詳細地報告給我們了）。他向來是這樣的作的——因此，馬克思和我和他曾有過許多不愉快的通訊——不過這一次太惡劣了。我們堅决不同道走。

希望你設法夏天到此地來。當然你住在我這裏，並且如果天氣好，我們還可以去洗幾天海水浴，這對於過了很久牢獄生活的你的身體確實是有益的。

你的忠友——恩格斯

給白拉克的信

倫敦一八七五年十月十一日

敬愛的白拉克！

我躭擱了對你的幾封最近的來信（最後一封是六月二十八日）的答覆，一則因爲馬克思和我有六星期之久沒有會過面——他在卡爾斯巴特（温泉），而我在海邊上，那兒我看不到人民國家報——二則因爲我想等候一個時期看看這新合併和聯合委員會[92]在實行上是怎樣的態度。

我們完全同意你的意見，的確李卜克內西因爲急於達到合併，爲了合併竟不惜任何代價，於是就把整個事情弄糟了。可以認爲合併是必要的，但是對於締約者可不必說出來或表示出來。以後那就祇好拿一個錯誤來辯護另一個錯誤了。一旦合併大會在腐朽的基礎上實行起來並且誇讚出來之後，如果無論如何不願失敗，那就只好在基本點上讓步。

你說的完全對：這個合併已經懷着分裂底萌芽，如果以後祇有一些不可救藥的熱狂者沒落下去，而不是那整批追隨者們（如果不受熱狂者底影響那本來是壯健的，並且在良好教育之下可以用的那批追隨者們），那我是高興的。這關係於這件不可避免的事情在什麼時候以及在怎樣的情形下發生。

這個綱領在它的最後的修正中是下列三個構成部分：

一，拉薩爾底語句和術語，這些無論在什麼條件之下都不該接受。如果兩個派別互相合併，那末就把互相一致的而不是把互相爭執的東西寫在綱領裏。然而我們的人們竟容許了這個，竟自願地接受了屈辱[93]。

二，一連串的庸俗民主主義的要求，用人民黨[94]底精神和體裁來表達。

三，一些應該是共產主義的命題，大部分從宣言裏抄來，但是這樣修改了：在陽光下一看，全部都包含着寒毛凛凛的荒唐話。如果不懂得這些事物，那就不要拿手指去動，或者把它原原本本從那些了解事物的著作裏頭抄下來。

幸而這個綱領所經受的較好於他所貢獻的。工人、資產階級以及小資產階級看到這綱領裏本來應該有但實在沒有的東西，沒有一方面有人按照它的眞實內容來公開檢驗這些古怪條文底一條。

這使我們可能對這綱領沉默下去。這些條文不能翻譯爲任何外國文字，如果不强迫地或者明顯寫成瘋狂的東西或者給它以共產主義內容，關於後者是我們的朋友以及敵人要做的。我自己在替西班牙朋友們做翻譯的時候就應該這樣做。

關於委員會底活動我所看到的，不是可喜的。第一，攻擊你的和倍格爾底著作[95]的事件；如果它沒有實現，那不是委員會底罪過。第二，宋納曼[96]當馬克思在旅途上遇到他的時候說，他曾要求法爾泰西[97]向弗蘭克府報寄稿，但委員會禁止法爾泰西接受這個要求！這實在是超過了檢查，我不知道法爾泰西怎樣忍受下去。這是何等愚蠢！

他們正應該預先努力使弗蘭克府報在德國到處有我們的人來服務！最後，我以爲拉薩爾派在創立柏林聯合印刷所之際也不很誠懇；自從我們的人，在萊伯齊西印刷所拿全副的信心來委任該委員會爲監察機關之後，竟還要强迫我們的人在柏林也照樣委任他們。不過我在這裏不十分知道個中底細而已。

擴張的活動很少，這是好的，並且像最近幾天在這裏的喜爾士[98]所說的，最好這委員會能够限制自己爲通訊機關和收發機關。委員會底任何活躍的干涉祇有促進危機，並且人們都似乎感覺到這一點。

在委員會裏[99]接納了三個之多的拉薩爾派分子，而我們祇有兩個進去，這是何等軟弱！

總而言之，我們好似吃了一點虧。希望這件事體再不發展下去，並且在這期間那些宣傳在拉薩爾派裏發生效果。如果這件事情延就到下屆議會選舉的時候，那就好了。不過，（那政治警察）史蒂培爾[100]和（那檢査官）託森道夫[101]一定會大大賣力，到那時候一定會有機會看到哈塞爾曼和哈仁克勒夫究竟担任些什麽工作。

馬克思從卡爾斯巴特回來了，完全換了一個人的樣子，强壯、新鮮、快樂、康健，又可以着手切實做工作了。他和我熱忱向你致敬。如有機會，請你再告訴我們那件事體底發展情形。萊伯齊西底那些人們[102]對那件事體關心的太深切，實在他們正應該告訴我們眞相，尤其現在黨內事件恰好尙未公佈出來。

你的最忠實的恩格斯

• 56 •

給伯伯爾的信

倫敦一八七五年十月十二日

敬愛的伯伯爾！

你的來信完全證實了我們的意見，這個合併在我們方面太早了一點，並含着將來糾紛底種子。如果能夠延就這個糾紛到下屆議會選舉以後[103]這已經算好了。

這個綱領現在包含三個部分：

一，是拉薩爾底命題和警句，接受這種東西是我們黨底一個汚點。如果兩個黨派同意一個綱領，那末他們應把互相同意的事項放進去，不要涉及不同意的事項[104]。固然，拉薩爾底國家輔助在愛森拉赫綱領裏也有，但不過當作許多過渡辦法之一，並且據我所聽到的，這國家輔助在本年度大會上沒有一致根據白拉克底提議[105]，幾幾乎被推翻了。現在這國家輔助，形成爲對於一切社會缺陷之不可缺少的專門良方了。容許〖工錢鉄律〗和拉薩爾派底詞語生效，這對於我們黨是莫大的道德上的失敗。我們黨改宗到拉薩爾派底信條了。這不是輕輕否認得掉的。綱領底這一部分是一個屈辱，在這個屈辱下我們黨匍匐到神聖的拉薩爾底偉大的光榮之下去了。

二，是民主主義的要求，完全是用人民黨底意義和體裁來表現出來的。

三，是一些〖今天的國家〗底要求（不知道這餘下的要求是究竟向誰提的），這些要求是很混亂而不合邏輯的。

四，是一些一般的命題，大部分是從共產黨宣言和國際規約那兒抄借來的，但這些命題是這樣修改的，正如馬克思在你知道[106]的他的那篇論文裏指摘的一樣，或者是全部錯誤，或者是純粹的愚蠢。

整個綱領非常沒有秩序，非常混亂，沒有聯繫，不合邏輯，並且可笑的，如果資產階級報紙裏祗要有一個有批評頭腦的人，他就會把這個綱領逐條通讀一遍，按照它的眞實內容逐條檢討下去，把那些無聊話顯明地分解出來，把那些前後矛盾和經濟學上的錯誤（例如說勞動手段在今天是資本家階級底獨佔，好似就沒有地主一樣；不講工人階級底解放而講〖勞動底解放〗等空話——老實講勞動本身在今天實在太過分自由的）發展出來，就可以把我們的整個黨弄成醜惡的可笑的。那些資產階級報館底蠢貨們不這樣幹，反而把這個綱領看得頗爲嚴肅，到綱領裏去探找些裏面沒有的東西，而指爲共產主義的工人們似乎也這樣做。只有這樣一個情形才可能使馬克思和我不至於公然棄絕這種綱領。祇要我們的反對者和工人們都同樣把我們的見解灌輸到這個綱領裏去的時候，我們還可以對這個綱領保持沉默。

如果你對人選問題底結果是滿足的，那末，我們方面的要求是降低了。我們的人只有兩個，拉薩爾派倒有三個之多！那末，就是在這兒，我們的人已經不是同等權利底聯合者，而是被戰勝者，並且是預先就決定了的。委員會底活動，據我們所知，也不是可慶祝的：（一）不把白拉克和倍格爾底論拉薩爾主義底兩本著作列在黨出版物底目錄裏去的決議：雖然這個決議結局被撤回了，但這不是委員會底也不是李卜克內西底過失；（二）禁止法爾泰西給弗蘭克府報——所介紹的——宋納曼作通訊工作。這是宋納曼親自對在旅途中的馬克思說的。尤其使我驚訝的，倒還不是委員會底高慢，也不是法爾泰西看不起委員會，而是那個決議底驚人的愚蠢。委員會毋寧應該想辦法，使得像弗蘭克府報這樣一張報紙無論在什麼地方專給我們的人[107]來利用才好。

說整個事件是一件教育底實驗，這種實驗在這些情形下將會有非常有利的效果，這兒你是完全正確的。這樣的一種合併如果能保持兩年之久，那就是一個大的成績了。不過這個合併無疑地會更加低廉的。

給考茨基的信[108]

我前天的慶祝快信想已收到了吧。現在再談到那件事情：談到馬克思底信[109]吧！

說他的信會送一個武器給敵人，這個恐懼，是沒有根據的。惡意的附會到處都是有的，但是大體講來，敵人方面的印象一定是完全的驚駭對於這種毫不姑息的自我批判，同時感覺到一個能夠提供出這種事物的政黨是具有怎樣的內在力量呵。這已經顯露在你寄給我的（多謝！）以及我從別處得到的反對方面的刊物上。老實講，我之所以發表這個文件也就是這個意思。我也知道，這在最初一定會引起這兒或那兒不愉快的觀感，這是避免不了的，並且它的實際的內容在我的眼中是重要的多的。並且我知道，黨已是足够的强大，經受得起這些，我並且計算到黨在今天也能够担當這十五年前公然用過的言語；以正當的自負指出這種力量底測驗，並且說：那兒還有另外一個政黨敢做這同樣的事呢？所以這文件也交給薩克遜工人報、維也納工人報以及秋里希郵報[110]了。

如果你在新時代二十一期上負起發表底責任來，那你是很好的，但是不要忘記，我給了首先的鼓動並且我還把你多少弄到被迫的地位上去[111]，所以，我自己負担主要的責任。至於個别事項，那各人儘管可以對之有不同意見。凡你和蒂茨[112]所憂慮的地方，我都已經勾消了和修改了。如果蒂茨還要更多的勾消，那我也會儘可能地平靜些，這我已常常向你們證明過了。但主要的問題是，一旦這個綱領提出討論時，那末，我的責任是要公佈這個物事。特別自從李卜克內西在哈勒大會的報告[113]裏面把這個綱領底摘錄一部分無思慮地當作他自己的財產，一部分被攻擊而不說出名字來以後，馬克思也一定會把原稿與這種改作對照起來，那末，我在他那個地位上也負有同樣如是作的責任。可惜那時我沒有這個文件，後來費了很久的搜尋才找到了。

你說，伯伯爾寫信給你說，馬克思那樣對付拉薩爾，引起了老拉薩爾派底忌恨。就算是這樣吧。也許是這樣吧。實在他們不知道實在的經過，似乎也沒有進行解釋它[114]。如果那些人們不知道拉薩爾底偉大是由於馬克思不計較他多年來利用馬克思底研究結果當作他自己的東西來裝飾，而且因爲貧乏的經濟學的教養，還顛倒了馬克思底研究結果，那不是我的過失。但我是馬克思底著作上的遺囑執行者，我負着我的責任。

拉薩爾有二十六年的歷史。如果在〖例外法律〗之下中止了對於他的歷史批判，那末，現在歷史的批判是應發生效力的時候了，關於拉薩爾對馬克思的態度應該弄一個明白了。掩蔽與頌揚拉薩爾底眞面目的傳說，畢竟不能變成黨底信條啊。儘管有人這樣頌揚拉薩爾對於運動的功績，他的歷史作用是曖昧的。牛皮政客拉薩爾到處跟蹤着社會主義者拉薩爾。這哈茨費爾德伯爵夫人離婚案[115]底指導者，到處徹底表現出煽動者和組織者來的拉薩爾：在選擇手段上狡詐、任性與不安分的無賴之徒來往——把他們當作單純工具來使用，而又拋棄他們。到一八六二年在實踐上是一個特別普魯士式的庸俗民主主義者，有着强烈的拿破崙的傾向（我剛剛讀過他寫給馬克思的信），他忽然間由於純粹個人的原因而改變了態度並且開始了他的煽動工作；不到兩年，他就要求工人們利用皇黨來反對資產階級，在一種實際上必然出賣運動的方式內，與他的臭味相投者俾斯麥相勾結，如果他不是及時地僥倖被打死的話。在他的鼓動著作裏，把從馬克思那兒剽竊來的正確議論和拉薩爾自己的經常錯誤的敍述混攪在一起，二者幾乎分不開來。感到被馬克思底批判觸傷了的一部分工人只知道他的兩年的鼓動，而且還祇帶了有色眼鏡來看它。不過在這種偏見面前，歷史的批判不能够恭謹地永遠站着不動。我的責任就是要在馬克思和拉薩爾之間作一清算。這已經是做了。我暫時是可以滿足了。我個人現在還有別的事做。已經公佈了的馬克思關於拉薩爾的批判將會自己發生它的效果和鼓勵別人。但是我之所以被迫着如是做，是因爲此外沒有其他的選擇：我應該把拉薩爾底傳統肅清。

據說在黨團裏有人竭力主張把新時代置在審査之下，這確是很妙的。是不是『社會主義者法律』的黨團獨裁者（這自然是必要的而且執行得很好）[116]所見到的鬼呢？或者還是對於石槐周[117]底過去的嚴格組織的回憶呢？這實在是一個了不得的思想，把德國社會主義的科學在已經從俾斯麥底『社會主義者法律』下解放出來以後，放在一個新的、由社會民主黨官僚們所手創與執行的『社會主義者法律』之下。此外，爲了樹木不至於長上天去，已經盡了力量。

前進報上的文章很少感動我[118]。我將期待着李卜克內西底經過底敍述[119]，然後儘可能用友誼的語氣來答覆這二者。前進報上的文章祇有幾點不正確的地方需要糾正（例如說我們不願意合併，說事實證明馬克思錯誤等等），還有一些自明之理要證實。我想以這個答覆來結束我這方面的爭論，如果沒有新的攻擊或不正確主張來使我繼續爭論下去的話。

請你對蒂茨說，我正在校對家庭、私有制和國家底起源[120]，不過今天費旭[121] 寫信來要我寫 三 篇 新 的序文[122]。

你的恩格斯

列寧論〖哥達綱領〗

〖馬克思主義論國家〗一書摘錄

——摘錄自〖馬克思主義論國家〗一書中(一九一七年一月至二月)——

恩格斯給伯伯爾的信

恩格斯（一八七五年三月十八日——二十八日）給伯伯爾的信對於國家問題是特別的重要（伯伯爾底我的生活第二卷，三一八頁以下，一九一一年斯都得伽特出版，是年九月二日的序言）

最重要的地方完全摘錄在這裏：

〖自由的人民底國家改變爲自由的國

家。照文法來講，一個自由的國家是這樣一個國家，即對於它的公民們是自由的，那末是一個具有專制政府的國家。應該取消一切關於國家的空談，尤其從巴黎公社以來，公社早已不是原來意思的國家了。［人民底國家］是無政府主義者很討厭地譴責我們的，不顧馬克思之反蒲魯東的著作以及後來共產黨宣言都早曾直接說過：跟着社會主義社會秩序底實現，國家會自行解體與消失。因爲國家只是一個過渡的制度，在鬥爭中，在革命中可用以强力鎮壓它的敵人，所以說什麽［自由的人民底國家］是純粹的胡說：只要無產階級還在使用（恩格斯底重點）國家，它不是爲了自由底興味來使用它，而是爲了鎮壓它的敵人，一旦自由能够成爲談柄時，那末，國家就會停止其爲國家。所以我們提議到處用［公團］（Gemeinwesen）來代替［國家］，這一個好的德意志古字，能够很好地代表［公社］（Kommune）這法國字。］

注意

好好注意

好好注意

這是在馬克思和恩格斯底著作中大約最明顯而且確實最銳利的一段可謂［反對國

家〗。

一，〖必須取消關於國家的一切空談。〗

二，〖公社早已不是原來意義的國家。〗（那末還有什麼？顯然地只有一個過渡形態由國家到非國家！）

三，無政府主義者們以〖人民國家〗〖誣責我們〗够久了。（顯然馬克思和恩格斯以他們的德國朋友們這種明顯的錯誤爲恥，不過他們兩個按照當時的情形當然有正當理由認定這和無政府主義者們底錯誤不能比較的微少的錯誤。這點好好注意!!）

四，跟着社會主義社會制度之實現〖國家會自行解體（〖自己消解〗）好好注意並且會消失……〗（參照後面：〖死滅〗）

五，國家是一個〖過渡的制度〗，〖在鬥爭中在革命中〗用得着……（自然無產階級來用它）。

六，人家要用國家並不是爲了自由底興味，而是爲了鎮壓無產階級底敵人。

七，如果有了自由，就不會有國家了。

普通『自由』和『民主』兩個概念總被當作同一，並且往往把它們互相替換來用。恰恰庸俗馬克思主義者們（以考茨基和普列漢諾夫一幫為首）常常這樣想。其實，民主排斥着自由。發展底辯證法（過程）如下：由專制主義到資產階級民主，由資產階級民主到無產階級民主，由無產階級民主到完全無有。

注意!!!! 八，『我們』（即恩格斯和馬克思）很願提議『到處』（在綱領裏）使用『公共組織』、『公社』等字樣來代替『國家』。

從這裏就可以看到不單機會主義者們，甚而考茨基也庸俗化了汚損了馬克思和恩格斯。

在這八條內容豐富的思想裏，機會主義者們連一條也沒有理解到!!

他們只是抓住了現在之實際的需要：利用政治鬥爭，利用今天的國家來訓練並教育無產階級，『來爭取一些讓步』。這是對的（和無政府主義者們相反），不過這一點才

• 70 •

只是馬克思主義底百分之一，如果可以用算術來這樣表現的話。

考茨基在他的宣傳工作和著述工作裏完全曲解了（是忘記了呢還是不懂得？）上述一、二、五、六、七、八等六點，和馬克思底〖打碎論〗（在考茨基和潘業枯克的一九一二或一九一三年的論爭裏），考茨基在這個問題上已經完全陷在機會主義裏了。

我們和無政府主義者的分歧是：（一）現在以及（二）在無產階級革命期間，利用國家（〖無產階級專政〗）——這兩個問題在實踐上尤其現在非常重要（連布哈林都也忘記了！）。我們和機會主義者的分歧是：我們有更深刻〖更永遠〗的眞理關於（一）國家之〖過渡的〗性質；（二）現在關於國家空談之有害；（三）無產階級專政之並非完全國家的特徵；（四）國家和自由之間的對立；（五）以〖公共組織〗來代替國家之更正確的思想（概念，綱領用語）；（六）官僚主義的軍事的機構之〖打碎〗等等。也不要忘記，無產階級專政被德國那批公開的機

• 71 •

會主義者（伯因斯坦、柯爾勃等等）直接地和間接地被正式綱領以及被考茨基拒絕了，他們在日常鼓動中抹殺了無產階級專政並容忍了柯爾勃一幇人底叛變。

在一九一六年八月曾有信寫給布哈林，說：『使你的關於國家的思想完全成熟起來。』但是他沒有使它成熟就作爲『注意點』讓它爬到報紙上去，而且是做得這樣，他本應揭穿考茨基派，反而拿他自己的錯誤來幇助了他們！不過在基本上布哈林要比考茨基接近眞理些。

注意

新時代第十九卷Ⅰ（一九〇〇至一九〇一年）（一九〇一年三月第二十六、二十七期）八〇四頁：倍爾（M. Beer）論英國之沒落並論及它的帝國主義，腐化性以及其他各國底帝國主義……——（注意）同著者：『社會帝國主義』新時代第二十卷Ⅰ（一九〇一到一九〇二）二〇九頁及以下各頁（費邊主義者）和『職工會之現狀』，同期四三頁（注意）（『帝國主義的社會的時代』）

第十九卷Ⅱ，一九七頁，伐爾透（Walter）的文章論〖俄羅斯帝國主義〗……（從彼得一世到二十世紀的中國）

馬克思的〖哥達綱領批判〗

一八七五年三月二十八日恩格斯寄給伯伯爾的信，馬克思寄給白拉克的附有哥達綱領批判的信，是在一個多月以後即一八七五年五月五日寫的（新時代第九卷Ⅰ：一八九一年）（一八九〇到一八九一年第十八號）

初看馬克思在這封信裏比恩格斯更是〖國家底附和者〗些——如果容許使用我們的敵人底這個陳腐術語的話。

恩格斯提議：（一）完全不要說國家；（二）拿〖公共組織〗來代替這個字；（三）甚而他說明〖公社〗（即〖無產階級專政〗）〖早已不是原來意思的國家〗，——關於這些馬克思一字也沒有提到，甚而，相反地，他居然說到那〖將來在共產主義社會裏的國家組織!!〗（新時代第九卷Ⅰ五七三頁）　!!

初看會發生一個印象，好似這裏有什麼簡直的矛盾、混亂或者不同意見！但是只是在初看上。

在馬克思信裏這裏有決定性的一節，關於這個問題全文如下：

「〔今天的社會〕是資本主義社會，它在一切文明國度裏存在着，它或多或少地脫離了中世紀的附隨物，或多或少地因各國特殊的歷史發展而改變着，或多或少地發展着。相反地，〔今天的國家〕跟着國境而變遷着。國家在普魯士德意志帝國和在瑞士不同，在英國和在美國不同，那末這〔今天的國家〕是一個虛構。

不過，各個不同的文明國度底不同的國家，儘管各有種種形態底差別，都有着共同點，即它們都站在一個資本主義或多或少發展了的近代資產階級社會底地基上。因此，它們也有着某種的共同的根本性格。在這個意義下可以談論〔今天的國家組織〕，以別於將來，那時它底今天的根基，即資產階級社會，早已死滅了。

那末要問：這國家組織將來在共產主義社會裏會經歷怎樣一種變化呢？換句話說，那一些社會機能在那兒留剩下來而和今天的國家機能相類似呢？這個問題只能科學地回答，儘管人民這個字與國家這個字經過千重的輳合也不能有些許的接近這個問題。

注意

在資本主義社會和社會主義社會之間有着一個前者轉入後者之革命的轉變時期。與這個時期相適應的也有一個政治上的過渡時期，這個時期底國家除了無產階級底革命的專政以外，不能是別的任何東西。（馬克思加的重點）（新時代第九卷Ⅰ，五七二——七三頁）

這個綱領既與無產階級底革命的專政無關，也與共產主義社會底未來的國家組織無關。］

這明明是一個責難，看下文就明白：這個綱領涉及陳舊的民主主義的禱告，但不涉及無產階級底革命專政和共產主義社會裏的國家組織……

‖「它的政治要求，不過是陳舊的世人皆知的民主主義的禱告；普選權、直接立法權、民衆權利、民衆底防禦（武裝）等。這些只是資產階級的人民黨及「和平自由同盟」底單單的反響」。（五七三頁）

（這些要求早已「實現了」——不過不在德意志國家內，而是在別個國度，在瑞士，在美國。這些要求只有在某一個民主共和國內才有地位。這個綱領不要求一個共和國，——像法國工人綱領在路易斐立普和拿破崙三世底統治下所作的那樣——想從軍事專制主義的手裏得到一點只有在民主共和國裏才有地位的東西，這是在德國做不到的，從而也沒有一點意義，……就是那庸俗民主派「也要比這種在被警察所許可而不被邏輯所許可者底範圍內的民主派高得多」。）

非常好（並且非常重要）

在這些說話裏面，馬克思恰似早已看到考茨基派底整個的無聊：關於一切可能的好的事物之甜蜜的說話，結果是粉飾眞實性，因爲民主和平與帝國主義，民主政治和君主專制之間的不可調和性被曲解或隱蔽起來了。

那末，無產階級專政是〖一個政治的過渡時期〗；顯然這個時期的國家也是從國家到非國家的一個過渡，這是說，〖已經不是原來意思的國家〗。在這個問題上，馬克思和恩格斯之間決沒有衝突。

但是，馬克思繼續講到〖共產主義社會底未來的國家組織!!〗那末在共產主義社會裏竟還有國家組織！這裏不是一個矛盾嗎？

不：1——在資本主義社會裏是原來意思的國家。　國家被資產階級所用

2——在過渡（無產階級專政）中是過渡類型的國家（不是原來意思的國家）。　國家被無產階級所用

3——在共產主義社會中：國家之死滅。　國家不再被使用，它就死滅下去

絕對的理路井然並且明明白白!!

換言之：

1——民主只是作爲例外，决不是完全的。	1——民主只爲富人以及爲一小層無產階級〔民主不爲窮人！〕
2——民主是差不多完全的民主，只是由於鎮壓資產階級底反抗而被限制。	2——民主爲窮人，爲十分之九的人口，强力鎮壓富有者底反抗。
3——眞正完全的民主，民主變成習慣，因之就死滅……完全的民主就等於無民主，這决不是一句取巧的說話而是眞理！	3——民主完全了，變成了習慣，因之死滅下去，它給〖各盡所能，各取所需〗這個根本原則讓出地位。

見本書第80頁傍註

在哥達綱領批判裏也有一個很重要的地方討論着國家底問題，在這裏有一段未來社會之經濟的分析。

在這裏（五六五——五六七頁）馬克思批判着拉薩爾底〖不折不扣的勞動底所得〗底觀念，並指出必須扣除一部分作爲補充生產手段之已經用去了的部分，作爲準備若金，以便支付管理、學校和衛生設施等等費用，他繼續寫道：

〖此地我們所要討論的不是在自己的基礎上發展起來的這種共產主義社會，相反地而是這樣一種共產主義社會，它剛從資本主義社會裏生長起來，從而它在一切方面，經濟上風俗上以及精神上，還保存着舊社會——它是從它的胎盤裏生長出來的——底殘跡（母斑）。適合這個情形，個別的生產者給與社會什麼——在各項被扣除之後——精確地收穫回來。他所給與社會的，就是他個人的勞動量。例如一個社會的勞動日由所有個人的勞動時間底總合所形成。個別生產者底個人勞動時間是社會的勞動日之由他所供給的一部分，是他的一份加在這個社會勞動日裏。他從社會獲得一種證券證明他（扣除了他爲公共基金的勞動之後）供給了多少勞動，於是他憑券從消費手段底社會儲蓄中取出與他的勞動相等的那麼多東西。他在一個形態中給了社會一個勞動量，又在另一個形態中取回了同一勞動量。〗（見第一九頁）

注意

·79·

⎣除了個人的消費手段之外沒有什麼其他東西可以成爲個人底財產。但是關於消費手段在個別生產者之間的分配，就通行着如像在商品等價物底交換裏通行的同一原則：某一個形態的同量勞動可以與另一個形態裏的同量勞動交換。⎤這個平等權利是以不平等性、事實上的不平等性、人類底不平等性作前提的，因爲有些人身體强些，有些人身體弱些，等等（⎣如果他們不是不平等的，那他們就不成其爲各別的個人⎤）——這一個人會比另一個人收入多些。

那末：
1.⎣長期的誕生的痛苦⎤
2.⎣共產主義社會底初步階段⎤
3.⎣共產主義社會底更高階段⎤

⎣不過這些缺點在共產主義社會底第一個階段上是不可避免的，因爲這社會剛從資本主義社會裏經過長期的誕生底痛苦之後才產生出來。權利決不能高過於社會底經濟的狀態以及由此而決定的文化發展。⎤

注意

⎣在共產主義底更高階段上，在個人之奴役的從屬於分工以及因此而生的精神勞動和肉體勞動底對立消滅之後，在勞動本身變成不單是生活底手段而且是第一個生活需要之後，在生產力跟着人們一切方面的發展也增强起來，並且在合作的財富底源泉更豐富地湧流出來之後——然後能够完全超過那些狹隘的資產者的權利底限界，這個社會在它的旗幟上寫着：各盡所能，各取所需。〗 ‖注意

那末，這裏明顯地、清楚地、確切地區別出共產主義社會底兩個階段：

較低的（〖初步的〗）階段——消費手段底分配以每個人所給與社會的勞動份量爲〖比例〗。分配底不平等性還顯著。〖權利底狹隘的資產階級的眼界〗還沒有完全被超過。這點要注意！！和這（半資產階級的）權利聯在一起顯然那（半資產階級的）國家也同樣還不能完全消滅。這點要注意！！ 同樣就有一個强迫底形式：〖誰不勞動，誰就不應該有飯吃〗 注意

〖更高的〗階段——〖各盡所能，各取所需。〗什麼時候才可能呢？如果（一）精神勞動和肉體勞動底對立消滅了；（二）勞動成爲第一個生活需要（注意！勞動底習慣變成規則，沒有强迫！！）；（三）生產力更强大地發 勞動變成一種需要，沒有一點强迫

展起來等等。顯然地國家底完全死滅只有在這個更高的階段上才可能，這點要注意！

一八七五年恩格斯的信

在恩格斯寄給伯伯爾的那封信（一八七五年三月十八——二十八日）裏還有一些特別敎訓豐富的文章比別些文章更明白照明着馬克思主義底某些側面：

一，……〖第一他們（在哥達綱領裏）接受了拉薩爾派吹得震天響但在歷史上錯誤的語句：〖和工人階級對立的所有其他的階級只是一個反動的集團。〗這個命題只在個別的例外場合裏是眞實的，例如在巴黎公社那樣的無產階級底革命裏面，或者在一個不單資產階級已經把國家和社會按照它的意像來鑄成，並且民主的小資產階級層也跟着資產階級徹底實行了這種改造的國度裏是眞實的。〗（在德國你們和人民黨攜手合作了那麼〖多年〗，並且你們提出了七個政治要求，〖其中沒有一個不是資產階級（恩格斯加上

注意

（例如在瑞士）

注意

的重點）民主主義的。〗）

二，……〖第五，關於工人階級通過職工會組成爲一個階級的這件事情，一句話也沒有提到。而這是一個極根本的據點，因爲這是無產階級底固有的階級組織，在這裏面無產階級實行着它和資本的日常鬥爭，在這裏面無產階級訓練自己，這個組織到今天，就像現在巴黎那樣處在最惡劣的反動情形之下也不會完全破壞。在這個組織在德國也已經達到了的重要性上，我們以爲在綱領裏指出它的重要性並且在黨的組織裏公開給它儘可能留下一個地位是絕對必要的。〗

對！

注意

三，……〖在綱領裏〖同樣缺乏着一切自由底第一個條件：一切公務員對於他們的一切職務行爲應向每一個公民在普通法庭前按照一般法來負責〗。〗

注意

四，……〖〖廢除一切社會的政治的不平等〗來代替〖取消一切階級差別〗那句話，也是很値得考慮的語句。隨便那一國，隨便那一省，隨便那一個地方，總是存在着生活條件底某種不平等。我們可以把它減少到最小限度，但從不能完全除去。亞爾波斯山裏的居民與平原上的居民總是有着另外的生活條件。把社會主義社會當作平等底國度的觀念是一種法蘭西的片面的觀念，依據着陳舊的〖自由平等博愛〗，這個觀念被視爲那個時代和那個地域底發展階段是正當的，不過這種觀念像一切以前的社會主義派別底片面性一樣，現在應當克服下去，因爲這些只能惹起頭腦中的混亂，並且現在已經找到了事物底精確的表現方式。〗

注意

李卜克內西的〖不加思索的語句〗

五，巴枯寧在他的著作〖政治和無政府〗裏把李卜克內西所寫的一切〖不加思索的語句〗都要我們負責……

六，〖一般講來，一個政黨底正式綱領要比它的實際作的不很重要些。但是一個新的（恩格斯底重點）綱領究竟總是一面公然樹起來的旗幟，而且外界也根據綱領來判斷這個政黨。〗

注意
呵哈！
呵哈！

伯伯爾在一八七五年九月二十一日答覆恩格斯的信裏，說：〖我完全同意你關於綱領草案的判斷，一如我寄給白拉克的信所證

明的。我也曾嚴厲責備了李卜克內西底屈服 ‖

……不過不幸事件旣然發生之後…… 那末，

整個就是一個敎育問題了。」

伯伯爾自己在不久以前也有過關於「人民國家」的一切模糊見解，在他的小册子我們的目的（第九版，一八八六年，一八七二年第三版以後沒有修改過）第十四頁裏證明着：「所以國家必須由以階級統治爲基礎的國家轉變成人民國家……在這個國家裏合作的生產必須代替個別的私人企業。」同樣在這本小册子底第十四頁，他介紹了馬克思，也介紹了拉薩爾!!並排地!!當時伯伯爾沒有看到他們兩人關於國家的見解之不同。

馬克思：「哲學底貧困」

在恩格斯的一八七五年三月十八——二十八日的那封信裏所提到的哲學底貧困底那

段文章顯然是下列這一段：

〖工人階級將在發展底進程裏創設一個會社（Association）來代替舊的資產階級社會，這個會社將排除階級和階級對抗，並且它將不會有固有的政治權力，因爲正是這個政治權力才是資產階級社會內階級對抗底公然表現。〗（哲學底貧困一一八二頁，一八五八年），（〖序言〗的日期是一八四七年六月十五日）

注意

〖共產黨宣言〗論國家

注　意：共產黨宣言：

在共產黨宣言（一八四七年九月）裏這個思想是如是表現的：

〖在叙述無產階級發展底最一般的階段時，我們注視了現存社會內部或多或少隱掩着的國內戰爭，直至它到達一點，即爆發爲一個公開的革命，那時無產階級用暴力推翻資產階級，來建立自己的統治。〗

國家就是組成統治階級的無產階級

在第二章末我們讀到：

〖我們在上面已經看到，在工人革命中第一步是變無產階級爲統治階級，奪取民主制。

無產階級將利用自己的政治統治，一步一步地把一切資本從資產階級那兒奪來，把一切生產工具集中在國家手裏，就是說，集中在組成爲統治階級的無產階級手裏，而儘可能最迅速地增殖生產力底總量。

〖國家〗就是組成爲統治階級的無產階級

要能實現這些，自然起初只向財產底諸權利與資產階級的生產底諸條件採取强制的侵犯，就是說，採用一些辦法，這些辦法在經濟上好像是不充分的與不能支持，但在運動的進程中要超越它本身而成爲變革整個生產方式所必不可免的手段。〗

注 意：强制的侵犯

並且列舉了（十條[123]）辦法之後，作者更繼續寫道：

〖當着在發展進程中，階級差別歸於消滅，一切生產都集中在個人所結成的集體之手中時，公衆的權力便失去自己政治的性質。政治的權力，在字的本意講來，是一個階級壓迫另一階級的有組織的權力，如果無產階級在反對資產階級的鬥爭中由於環境底諸情況底力量必然地團結成爲階級，如果無產階級經過革命使自己轉成統治階級，而以統治階級底資格用强力去廢除舊的生產底諸條件，那末，同這些條件一起，無產階級也便要一般地消滅階級（和階級對抗底存在條件），因而也就要消滅它自身作爲階級的這種統治……近代的國家權力不過是執行整個資產階級之共同事務的執行機關而已。」

共產黨宣言論到「工人革命」，「共產主義革命」，「無產階級革命」。「無產階級專政」這一術語顯然尚未出現。但是「提高無產階級爲統治階級」，無產階級「組成爲統治階級」，無產階級的「强制侵犯私有權」等等正是「無產階級專政」。

注意 「國家，這是說組成爲統治階級的無產階級」——這正是無產階級專政。

• 88 •

《國家與革命》一書摘錄

恩格斯給伯伯爾的信（第四章第三節）

恩格斯於一八七五年三月十八日至二十八日致伯伯爾信中下述的這一段話，在馬克思和恩格斯對於國家問題的著作內，如果不算是最精彩的議論，也得算是最精彩的議論之一。附帶說說，據我們所知道的，這封信第一次由伯伯爾刊印在他的回憶錄（我的生活）第二卷中，這卷回憶錄是於一九一一年，即在這封信寫就並寄出之後經過三十六年才出版的。

恩格斯在這封致伯伯爾的信中，批評了那也由馬克思在致白拉克的有名信中批評過的哥達綱領草案，並特別說及國家問題時，寫道：

…「自由的人民底國家改變爲自由的國家。照文法來講，一個自由的國家是這樣一個國家，即對於它的公民們是自由的，那末是一個具有專制政府的國家。應該取消一切關於國家的空談，尤其從巴黎公社以來，公社早已不是原來意思的國家了。「人民底國家」是無政府主義者很討厭地誣責我們的，不顧馬克思之反蒲魯東的著作以及後來共產黨宣言都早曾直接說過：跟着社會主義社會秩序底實現，國家會自行解體與消失。因爲國家只是一個過渡的制度，在鬥爭中，在革命中可用以强力鎭壓它的敵人，所以說什麼「自由的人民底國家」是純粹的胡說：只要無產階級還在使用國家，它不是爲了自由底興味來使用它，而是爲了鎭壓它的敵人，一旦自由能够成爲談柄時，那末，國家就會停止其爲國家。所以我們提議到處用「公團」(Gemeinwesen) 來代替「國家」，這一個好的德意志古字，能够很好地代表「公社」(Kommune)。」（見德文原本第三二二頁）

要注意到：這封信是關係於黨綱，而這個黨綱是馬克思在他距此信僅幾星期後發出的信裏批評過的（馬克思底信寫於一八七五年五月五日）；當時恩格斯和馬克思一同住在倫敦。因此，恩格斯在最後那句話中使用〖我們〗二字時，他毫無疑義是以自己和馬克思底名義來向德國工人黨底領袖提議，從黨綱中把〖國家〗字樣勾消而代之以〖公團〗字樣。

如果向現在這班爲遷就機會主義者而僞造出的〖馬克思主義〗底頭目們提議如此修改黨綱，那末他們該會怎樣狂吠起來，大罵〖無政府主義〗呵！

讓他們狂吠吧。資產階級爲了這點會褒獎他們的。

而我們則要做我們的事。在審查我們黨綱的時候，是絕對要注意到恩格斯與馬克思底忠告，以便更接近於眞理，以便恢復馬克思主義而清除掉一切對於它的曲解，以便更正確地指導工人階級爭取本身解放的鬥爭。在布爾什維克當中大概不會有人反對恩格斯和馬克思底忠告。困難也許只會在於名詞上。德文中有兩個字都解作〖公團〗，而恩格斯所採用的那個，並不是表示單個公團，而是表示各個公團底總和，公團底體系。在俄文中沒有這樣一個字，所以我們也許只得採用法文中的〖公社〗一字，雖則這個字也有其不便之處。

〖公社已不是原來意義上的國家了〗，——這就是恩格斯在理論上最重要的斷語。看了上文以後，這個斷語是完全可以懂得的。公社已再不成其爲國家了，因爲當時公社所要鎮壓的，不是居民底大多數，而是居民中的少數(剝削者)；它已打碎資產階級的國家機器；居民已自己上台來代替那特別的鎮壓力量。凡此一切，都是離開了原來意義的國家。而如果公社臻於鞏固，那末在它中間，國家底痕跡就會自行『消亡掉』，它就會用不着『廢除』國家機關：國家機關將無事可做而逐漸停止其作用。

『無政府主義者利用『人民國家』字樣來挖苦我們』，——恩格斯說這句話的時候，首先是指巴枯寧及其對於德國社會民主黨人的攻擊而言。恩格斯之所以認爲這種攻擊是正確的，乃是因爲『人民國家』是與『自由人民國家』一樣荒謬，一樣離開社會主義。恩格斯曾努力糾正德國社會民主黨人反對無政府主義者的鬥爭，使其在原則上正確，使其除去那些對於『國家』問題的機會主義偏見。可惜！恩格斯這封信竟被擱藏起來達三十六年之久。我們在下面便會看見，就在這封信發表以後，考茨基實際上還是頑固地重複着那些爲恩格斯所警告過的錯誤。

伯伯爾於一八七五年九月二十一日寫信回答恩格斯，就中說他『完全同意』恩格斯對於黨綱草案的批判，並說他責備了李卜克內西底那種讓步態度（伯伯爾底回憶錄，德文版第二卷，第三〇四頁）。但是，如果拿伯伯爾所著的我們的目的這本小册子來看，那我們就會在其中遇見一些對於國家問題的完全不正確的議論：

〖必須把基於階級統治的國家變爲人民的國家。〗（我們的目的一八八六年德文版，第一四頁）。

這是刊印在伯伯爾那本小册子第九版（第九版！）中的話！難怪德國社會民主黨竟接受了這如此頑固重複着的關於國家的機會主義議論，尤其是當恩格斯底革命解釋被藏匿着，而全部生活環境又長期使人〖忘記〗革命的時候。

國家消亡底經濟基礎（第五章）

馬克思所著的哥達綱領批判一書（即一八七五年五月五日致白拉克的信，直到一八九一年才刊登於新時代雜誌第九卷第一期上，已有俄譯單行本），對於這個問題有最爲詳盡的說明。在這一精彩著作中批評拉薩爾主義的辯論的部分，可以說是遮掩了正面論述的部分，即對於共產主義發展與國家消亡之聯繫的分析。

一　馬克思對於本問題的提法

若把馬克思於一八七五年五月五日致白拉克的信，

拿來與上述的恩格斯於一八七五年三月二十八日致伯伯爾的信作一膚淺的比較，也許覺得馬克思比恩格斯帶有更濃厚得多的〖國家派〗的色彩，也許覺得這兩位作家對於國家的見解有很大的差別。

恩格斯勸伯伯爾根本抛棄關於國家的廢話，從綱領中完全驅除國家一語，而代之以〖公團〗一語；恩格斯甚至宣佈說公社已經不是原來意義上的國家了。而馬克思則甚至講過〖將來共產主義社會中的國家制度〗，就是說，彷彿他認爲甚至在共產主義下也要有國家。

但這樣的觀點是根本不對的。如果仔細研究一下，就可知道馬克思和恩格斯兩人對於國家及其消亡問題的見解完全相符合，而上面所引的馬克思的說法，也就是指正在消亡的國家制度而言。

至於確定將來〖消亡〗的日期，這點當然無從說起，尤其是因爲它顯然是一個長久的過程。馬克思和恩格斯間的表面上的差異，是因爲他們所研究的題目以及他們所抱定的目的彼此不同。恩格斯底目的，是要很明顯地、激烈地、扼要地向伯伯爾指明國家問題上所流行的（拉薩爾也是幾乎贊同的）那些偏見之全部荒謬性。馬克思却只是在論述另一題目，即共產主義社會發展時，順便提到了這個問題。

馬克思底全部理論，就是運用最澈底、最完整、最周密、內容最豐富的發展論去考察現代資本主義。自然，他也就要運用這個理論去考察資本主義行將崩潰的問題，並運用這個理論去考察將來共產主義底將來發展問題。

究竟根據什麽實際材料可以提出將來共產主義底將來發展問題呢？

這裏所根據的，就是共產主義是從資本主義中產生出來的，它在歷史上是從資本主義中發展起來的，它是資本主義所產生的那個社會力量動作底結果。馬克思絲毫沒有企圖創造一個烏托邦和憑空猜測無法知道的事情。他提出共產主義問題，也正像例如一個自然科學家提出某種新的生物變態底發展問題一樣，既然我們已經知道了這種變態如何產生出來以及按照怎樣一種方向變化着。

馬克思首先就掃除了哥達綱領所滲進到國家與社會相互關係問題中去的那些糊塗觀念。

…『「今天的社會」——他寫道，——是資本主義社會，它在一切文明國度裏存在着，它或多或少地脫離了中世紀的附隨物，或多或少地因各國特殊的歷史發展而改變着，或多或少地發展着。相反地，「今天的國家」

跟着國境而變遷着。國家在普魯士德意志帝國和在瑞士不同，在英國和在美國不同，那末這〖今天的國家〗是一個虛構。

〖不過，各個不同的文明國度底不同的國家，儘管各有種種形態底差別，都有着共同點，即它們都站在一個資本主義或多或少發展了的近代資產階級社會底地基上。因此，它們也有着某種的共同的根本性格。在這個意義下可以談論〖今天的國家組織〗，以別於將來，那時它底今天的根基，即資產階級社會，早已死滅了。

〖那末要問：這國家組織將來在共產主義社會裏會經歷怎樣一種變化呢？換句話說，那一些社會機能在那兒留剩下來而和今天的國家機能相類似呢？這個問題只能科學地回答，儘管人民這個字與國家這個字經過千重的輳合也不能有些許的接近這個問題〗……

馬克思這樣譏笑了一切關於〖人民國家〗的空話以後，就來說明問題的提法，且似乎是特別警告說，爲要給這個問題以科學的答覆，就祗可依據確切判明了的科學材料。

已由整個發展論和全部科學所完全確切判明了的第一點，亦即先前被空想主義者所忘記，現今又爲那些畏懼社會主義革命的現代機會主義者所遺忘的一點，就是在歷史上必然會有一個從資本主義過渡到共產主義的特別時期或特別階段。

二　從資本主義到共產主義的過渡

…〖在資本主義社會和共產主義社會之間，——馬克思繼續說道，——有着一個前者轉入後者之革命的轉變時期。與這個時期相適應的也有一個政治上的過渡時期，這個時期底國家除了無產階級底革命的專政以外，不能是別的任何東西。〗…

這便是馬克思根據他對無產階級在現代資本主義社會中作用的分析，根據關於這個社會底發展情形以及關於無產階級與資產階級利益相對立而不可調和的那些實際材料所得出的結論。

從前，問題是這樣提法的：無產階級爲要達到自己的解放，就應當推翻資產階級，奪取政權，建立自己的革命專政。

現在，這個問題底提法已經有些不同了：從向着共產主義發展的資本主義社會過渡到共產主義社會，非經過一個〖政治過渡時期〗不可，而這個時期底國家則只能是無產階級底革命專政。

這個專政對於民主的關係又是怎樣呢？

我們已經看見，共產黨宣言是把兩個概念簡單並列起來：〖變無產階級爲統治階級〗和〖爭得民主〗。根據上述一切，便可以更確切地斷定民主制在從資本主義到共產主義的過渡時期中究竟是怎樣變更的。

在資本主義社會裏，在這個社會最順利發展條件下所表現出的多少完備的民主制，便是民主共和國。但是，這個民主制始終受到資本主義剝削制度狹窄範圍的限制，因此它實際上始終只是供少數人，只是供有產階級，只是供富人享受的民主制。資本主義社會裏的自由，始終是與古代希臘共和國裏的自由大致相同：只是供奴隸主享受的自由。現代的僱傭奴隸，由於資本主義剝削制底條件，始終是被貧苦困乏壓榨得〖無暇過問民主〗，〖無暇過問政治〗，以致大多數居民在通常的和平局面下是被排除於社會政治生活範圍之外的。

德國可以說是證實這一論斷正確的一個最好不過的例子，因爲在這個國家裏，由憲法所規定的合法性支持得特別長久和穩固，幾乎有半世紀之久（一八七一至一九一四年），而德國社會民主黨際此時期中在〖利用合法性〗並使工人參加政黨組織的人數百分比達到舉世未有的高度這點上所作的，要比其他各國社會民主黨所作的多得多。

試問在資本主義社會裏算是最高的這種政治上覺悟積極的僱傭奴隸人數百分比，究竟是什麼樣的一個數目呢？在一千五百萬僱傭工人中間，只有一百萬是社會民主黨黨員！在一千五百萬人中間，只有三百萬是工會會員！

供極少數人享受的民主，供富人享受的民主，——這就是資本主義社會中的民主制。如果仔細考察資本主義民主制底結構，那末我們無論在選舉法底〖細微的〗——似乎是細微的——條文上（居住的年限，婦女除外等等），或在代議機關底辦事手續上，或在行使集會權的實際障礙上（公共會場不供〖窮人〗享用！），或在日報純粹按資本主義原則組織起來以及其他種種事實上，到處都可看見民主制所受到的重重限制。專門用來對付窮人的這種限制、例外、除外以及障礙等等，看來似乎是很細微的，——尤其是在那些從來沒有親身感到過貧乏，從來沒有同被壓迫階級大衆生活接近過的人（這種人在資產階級的政治家和政論家中若不佔百分之九十九，至少也要佔十分之九）看來，是很細微的，——但是這種種限制總合起來，却把窮人排斥和擯出於政治生活以外，不讓他們積極參加民主制。

馬克思絕妙地暴露了資本主義民主制底這種實質，

他在分析公社經驗的時候說道：容許被壓迫者數年一次來解決壓迫階級中什麼人應在國會裏充當他們的代表者和鎮壓者！

但是脫離這個資本主義民主制，脫離這個必然是範圍狹窄的，暗中排斥窮人的，亦即完全虛偽和騙人的民主制而向前發展的過程，决不是像一般自由派教授和小資產階級機會主義者所想像的那樣簡單、直捷、平穩朝着「愈益徹底的民主制」進行的。絕對不是。向前發展，即進到共產主義的發展過程，必須經過無產階級專政，而且决不能經過別的道路，因爲要打破剝削者資本家底反抗，是別無他人可作，別無他路可走的。

而無產階級專政，即被壓迫者先鋒隊組織爲統治階級以鎮服壓迫者，不能僅僅以擴大民主制爲限。除了把民主制大規模地擴大成爲第一次供貧民享受的民主制，供人民享受的民主制，而不是供富人享受的民主制而外，無產階級專政還會對壓迫者、剝削者、資本家實行許多剝奪自由的手段。爲要使人類從僱傭奴隸制度下解放出來，我們就必須壓倒這種人，必須用强力打破他們的反抗，——凡是有鎮壓有强力的地方，當然也就沒有自由，沒有民主。

讀者記得，恩格斯在他致伯伯爾的信中很燦爛地說明了這一點，他說：〖只要無產階級還在使用國家，它不是爲了自由底興味來使用它，而是爲了鎮壓它的敵人，一旦自由能够成爲談柄時，那末，國家就會停止其爲國家。〗

使絕大多數民衆享有民主，而以强力鎮壓那些剝削和壓迫人民的分子，即是把他們摒除於民主制之外，——這便是從資本主義進到共產主義的過渡時期內的那種民主制。

只有在共產主義社會中，當資本家底反抗已被澈底粉碎時，當資本家已被完全消滅時，當階級已不復存在時（即是當社會中各成員在其對社會生產資料的關係上已經沒有什麽差別時），只有那時，〖國家才會消逝，才可以講到自由〗。只有那時，眞正完全的，眞正沒有任何例外的民主制才有可能，才會實現。也只有那時，民主制才會開始消亡，其原因很簡單，就是人們旣然已經擺脫了資本主義奴隸制，擺脫了資本主義剝削制所造成的無數殘暴、野蠻、荒謬和卑鄙現象，就會逐漸習慣於遵守數百年來人所熟知，數千年來一切處世箴言上所重複說明的起碼的公共生活規則，自動遵守這些規則，而不需要什麽强力，不需要什麽强制，不需要什麽服從，不需要什麽叫作國家的特別强迫機關。

〖國家消亡〗一語，眞是選得非常中肯，因爲它既能表明過程底逐漸性，又能表明過程底自發性。只有習慣才能够而且無疑會發生這樣一種作用，因爲我們隨時隨地都可看見， 如果沒有剝削， 如果沒有一種令人憤恨，引起抗議和起義，使鎮壓成爲必要的東西，則人們是容易習慣遵守他們所必需的公共生活規則的。

總之：我們在資本主義社會裏看見的民主制，是殘缺的、醜陋的、假冒的民主制，是只供富人享受，只供少數人享受的民主制。無產階級專政，即進到共產主義的過渡，第一次給予供人民享受，供大多數人享受的民主制，同時對少數人，對剝削者實行必要的鎮壓。只有共產主義才能給予眞正完全的民主制，而民主制越完全，那它也就會越迅速地成爲不需要的東西，而自行消亡下去。

換句話說：在資本主義制度下，存在有原來意義上的國家，即由一個階級鎮壓別一個階級，而且是由少數人鎮壓多數人的特別機器。很明顯的，爲要使剝削者少數來一貫鎮壓被剝削者多數的這樣一種事情獲得成效，就必須採取極兇惡極殘酷的鎮壓手段，就必須造成無數流血慘痛，而這種流血慘痛是人類在奴隸制度、農奴制度和僱傭勞動制度下所確實經歷着的。

其次，在由資本主義過渡到共產主義的時期，鎮壓還是必要的，但這已經是大多數加於少數，被剝削者加於剝削者的鎮壓。特別的鎮壓機關，特別的鎮壓機器，即〖國家〗，還是必要的，但這已經是過渡的國家，已不是原來意義上的國家，因爲由昨天還是僱傭奴隸的多數人去鎮壓剝削者少數人，乃是一件比較容易、簡單而自然得多的情事，因而其中所流的血將比從前爲了鎮壓奴隸、農奴和僱傭工人起義時所流的血要少得多，人類爲此所耗費的代價便宜得多。而且這種鎮壓與把民主制普及於絕大多數居民的事是並行不悖的，於是對於特別鎮壓機器的需要性就開始消逝。自然，剝削者若沒有極複雜的鎮壓機器便不能鎮壓人民，但是人民爲了鎮壓剝削者，却只要有很簡單的〖機器〗，幾乎不要什麼〖機器〗，不要什麼特別機關，而只要有武裝羣衆底組織（如像工兵代表蘇維埃，——我們且預先在這裏指出一下）就够了。

最後，只有共產主義才造成完全不需要國家的條件，因爲那時沒有人需要加以鎮壓——所謂〖沒有人〗是指階級而言，是指對某一部分居民進行有系統的鬥爭而言。我們不是空想主義者，我們一點也不否認個別人過火行動的可能與必不可免，同樣也不否認有鎮壓此種行動的必要。但是，第一，爲着這件事情，却用不着什麽特別的鎮壓機器，特別的鎮壓機關，這件事情將由武裝人民自己來做，而且做起來是如此簡單容易，好像甚至現代社會中任何一羣文明人都很容易和解打架的人或制止虐待婦女的事那樣。第二，我們知道，違背公共生活規則的過火行動之所由發生的根本社會原因，乃是羣衆被剝削，羣衆陷於飢寒貧困，而這個主要原因一消除，則過火行動就必然會開始『消亡』。其速率和漸進程度如何，我們雖然不得而知，但這種過火行動必然歸於消亡，却是我們所知道的。這種過火行動一消亡，則國家也會隨之消亡。

關於這個將來社會的問題，馬克思沒有去憑空幻想，而是把現時所能確定的東西加以更詳細的確定，即確定了共產主義社會低級階段和高級階段間的區別。

三　共產主義社會第一階段

在哥達綱領批判中，馬克思很詳細地駁斥了拉薩爾認爲工人在社會主義下將領取『不打折扣的』或『全部的勞動產品』的思想。馬克思指明，在全社會底全部社會勞動中，必須扣去一部分作爲後備基金，又扣去一部分用以擴大生產的基金，又扣去一部分來補償『用壞了的〗機器等等，而後在消費品中又須取出一筆作爲管理經費，作爲學校、醫院、養老院等等經費的基金。

馬克思不像拉薩爾那樣用一些含糊不清的籠統語句（〖全部勞動產品歸工人〗），而是對於社會主義社會將不得不怎樣經營的問題作出很清醒的估計。馬克思具體分析那已沒有資本主義存在的社會底生活條件時說道：

〖此地我們〗（在分析工人黨底綱領時）〖所要討論的不是在自己的基礎上發展起來的這種共產主義社會，相反地而是這樣一種共產主義社會，它剛從資本主義社會裏生長起來，從而它在一切方面，經濟上風俗上以及精神上，還保存着舊社會——它是從它的胎盤裏生長出來的——底殘跡（母斑）。〗

這個剛剛從資本主義胎胞中出世而在各方面都還保留着舊社會痕跡的共產主義社會，馬克思稱之爲共產主義社會底〖第一〗階段或低級階段。

生產資料已經不是某些個人底私有財產，而是歸於全社會所有了。每個社會成員都担負某一部分社會必需工作，都從社會方面領得一個證明他做了若干工作的證書。根據這個證書，他就從公共消費品貯藏所中領取相當數量的產品。於是，除去劃入社會基金的一部分勞動而外，每個工人就從社會方面領得相當於他所貢獻於社會的份量。

這樣，似乎〖平等〗已經實現了。

但是，當拉薩爾把這樣的社會制度（即通常叫做〖社會主義〗，而馬克思則稱它爲共產主義第一階段的社會制度）形容爲〖公平的分配〗，形容爲〖每人享有獲得同等勞動產品的平等權利〗時，那末，拉薩爾是錯誤的，而馬克思就來解釋他的這個錯誤。

〖我們看見，——馬克思說，——在這裏確實是有〖平等權利〗，但這還是〖資產階級式的法權〗，它也如任何法權一樣，是以不平等爲前提的。任何法權都是把同一標準應用於事實上各不相同，各不相等的人們，因而〖平等權利〗就是違背平等，就是不公平〗。的確，每一個人既作出與別人相等的一份社會勞動，他就領得一份相等的社會產品（除上述種種扣除而外）。

然而各個人是不相等的：有的强些，有的弱些，有的是結了婚的，有的是沒有結婚的；有的兒女多些，有的兒女少些；以及諸如此類等等。

…〖在平等的勞動支出上〗，——馬克思做出結論說，——〖以及在對於社會的消費資源之平等的份額上，這一個工人在事實上比另一個取得更多些，某一個工人會比另一個工人更富足些等等。要避免一切這些缺點，權利就不能平等，只好不平等」…

所以在共產主義第一階段上，還不會有什麽公平與平等：富足程度的差別依然存在，而這種差別是不公平的，但是人剝削人的事情已經是不可能了，因爲那時已無法把生産資料——工廠、機器、土地等等——據爲私有。馬克思批駁拉薩爾所說一般「平等」與「公平」的小資產階級模糊辭句時，就指明了共產主義社會發展的行程，這個社會將迫不得已而起初僅僅消滅私人佔有生產資料這一「不公平」現象，却不能够一下子就消滅「按工作」（而不是按需要）來分配消費品的那種尚屬存在的不公平現象。

庸俗的經濟學家，連資產階級的教授在內，連「我們的」杜干[124]在內，常常譴責社會主義者，說他們忘記了人們中間的不平等，說他們「夢想」消滅這個不平等。我們看見，這樣的譴責僅僅證明資產階級思想家先生們毫無知識而已。

馬克思不僅極其確切地估量到人們中間不可免的不平等，而且還估計到，僅僅把生產資料轉爲全社會公有（普通所講的「社會式的主義」），還是不能消除分配方面的缺點和「資產階級式的法權」底不平等，這個法權還繼續統治着，因爲產品是『按工作』來分配的。

…『不過這些缺點——馬克思又繼續說，——在共產主義社會底第一個階段上是不可避免的，因爲這社會剛從資本主義社會裏經過長期的誕生底痛苦之後才產生出來。權利決不能高過於社會底經濟的狀態以及由此而決定的文化發展』…

因此，在共產主義社會第一階段（普通稱爲社會主義的階段）中，『資產階級式的法權』還沒有完全取消，而只是局部取消，只是在已經達到的經濟改革範圍內，即只是在對於生產資料的關係上取消。『資產階級式的法權』承認生產資料是某些個人底私有財產。社會主義將其變爲公共財產。在這個限度內，——且只有在這個限度內，——『資產階級式的法權』是不復存在的了。

但是，它在其另一部分中却依然存在，它依然是社會各成員間分配產品和分配勞動的調節者（決定者）。『不勞動者不得食』這一社會主義原則已經實現了；『按等量勞動領得等量產品』這一社會主義原則，也已經實現了。然而，這還不是共產主義，這還沒有消除認許不相等人們按不等量的（事實上不等的）勞動領取等量產品的那種資產階級式的法權。

這是一個『缺點』，——馬克思說，——但這在共產主義第一階段上是不可避免的，因爲若不陷於空想主義，就不能以爲一推倒資本主義以後，人們立刻就可學會替社會勞動而不需要任何法權標準；而且資本主義底廢除並不能立刻造成這種變更底經濟前提。

可是除了〖資產階級式的法權〗外，便沒有其他的標準。而在這個限度內，就還需要有國家來保衛生產資料公有制，來保衛勞動底平等和產品分配底平等。

那時， 國家就會消亡下去， 因爲資本家已經沒有了，階級已經沒有了，因而也就沒有什麼階級可以鎮壓了。

但是國家還沒有完全消亡，因爲還要保衛那認許事實上不平等現象的〖資產階級式的法權〗。爲要使國家完全消亡，就要有完全的共產主義。

四　共產主義社會高級階段

馬克思接着又說：

……〖在共產主義底更高階段上，在個人之奴役的從屬於分工以及因此而生的精神勞動和肉體勞動底對立消滅之後；在勞動本身變成不單是生活底手段而且是第一個生活需要之後；在生產力跟着人們一切方面的發展也增强起來，並且在合作的財富底源泉更豐富地湧流出

來之後，——然後能够完全超過那些狹隘的資產者的權利底限界，這個社會在它的旗幟上寫着：各盡所能，各取所需！〗

現在我們才可完全認識，恩格斯在無情譏笑那種把〖自由〗與〖國家〗兩名詞連接起來的荒謬見解時，是說得如何正確。當國家還存在時，便沒有自由。當有了自由時，就不會有國家了。

國家完全消亡底經濟基礎，就是共產主義社會達到了高度的發展，那時智力勞動與體力勞動的對立已經消失，因而現代社會不平等底最重要根源之一已經消失，而這個根源僅靠生產資料轉為公有財產，僅靠剝奪資本家，是决不能立刻剷除的。

這種剝奪就會造成生產力極大發展的可能。我們既看見資本主義現在已經如何不可思議地阻礙着這種發展，而在現今已經達到的技術基礎上又可以把這個發展推進得多麼迅速，於是我們就能有十二分把握地說，施於資本家的剝奪，一定會使人類社會底生產力得到極大的發展。但是，這個發展將如何迅速前進，它將如何迅速達到打破分工，消滅智力勞動與體力勞動的對立，以及將勞動變為〖樂生的第一要素〗——這是我們所不知道，並且是我們所不能知道的。

因此，我們也就只可以說到國家底必然消亡，着重提出這個過程底長期性，以及這個過程依共產主義高級階段底發展速度爲轉移，而把消亡底日期或消亡底具體形式問題保留，作爲完全沒有解決的問題，因爲現在還沒有可供解決這種問題的料材。

當社會已實現「各盡所能，各取所需」的原則時，就是說，當人們已如此習慣於遵守公共生活底基本規則，而他們的勞動生產率已如此發展，致使他們自願地盡其所能來工作時，國家才會完全消亡。那時，「資產階級式的法權底狹隘眼界」，這迫使人們像賽洛克[125]那樣吝嗇地斤斤計較什麼我不要比別人多做半小時工作，也不要比別人少得一點報酬的狹隘眼界，就會被打破。那時，產品底分配就會不必要由社會來規定各人領取產品的數量；那時，各人都會「按其所需」來自由領取了。

從資產階級的觀點看來，當然容易把這樣的社會制度叫作「純粹的烏托邦」，並胡說八道，彷彿社會主義者約許每個人有向社會取得任何數量的香菌、汽車、鋼琴等等的權利，而對個別公民底勞動不加以任何的監督。即在今日，大多數資產階級「學者」也還是用這種無理譏嘲來敷衍了事，但他們只是以此暴露他們的愚昧無知，以及他們對於資本主義的自私自利的辯護而已。

其所以說是愚昧無知，是因爲沒有一個社會主義者曾想到要『約許』共產主義高級發展階段的到來，而偉大社會主義者在預察這個階段將會到來時所推想的前提既不是現今的勞動生產率，也不是現在的庸人，因這種庸人猶如波米洛夫斯基小說中的教會學生一樣[126]，是慣於『無故』損壞社會財富的積貯且提出不可執行的要求的。

在共產主義的『高級』階段尚未到來以前，社會主義者要求社會和國家對勞動量和消費量實行極嚴格的監督，不過這種監督應以實行剝奪資本家，以及由工人監督資本家來開始，並且不是由官僚底國家而是由武裝工人底國家來施行的。

資產階級思想家（以及他們的走卒，如策烈鐵里和切爾諾夫之流）對於資本主義的自私自利的辯護，就在他們用一些關於遙遠將來的爭論與空談來替換目前政治上的緊急迫切問題：剝奪資本家，把全體公民變爲一個巨大『新迪加』即整個國家中的工作者和職員，使這個新迪加底全部工作完全服從於眞正民主的國家，即工兵代表蘇維埃的國家。

其實，當博學的教授，以及附和他的庸人，以及附和他的策烈鐵里輩和切爾諾夫輩先生們說什麼狂妄的烏托邦，說什麼布爾什維克蠱惑人心的約許，說什麼不能〖施行〗社會主義等話的時候，他們正是指共產主義底高級階段而言。但共產主義底高級階段是誰也不僅沒有約許，而且連想也沒有想來〖施行〗的，因爲它根本是不可〖施行〗的。

於是我們也就講到社會主義和共產主義在科學上的區別問題了。這個問題，恩格斯在我們所引錄過的他那段認爲〖社會民主主義者〗這一名稱不確當的議論中已經說到了。共產主義第一階段或低級階段與共產主義高級階段間的區別，在政治上說來，將來有個時候大概會是很大的，但現時，在資本主義下，注重這個區別，便是很可笑了，至於把這個區別提到第一位，那就也許只有少數無政府主義者才能這樣做吧（如果在克魯泡特金輩、格拉弗、柯爾湼利遜以及其他無政府主義〖明星〗們〖按普列漢諾夫那樣〗變成社會沙文主義者，或如一個尚保有廉恥和良心的無政府主義者格所說那樣變成無政府掘壕隊隊員以後，而在無政府主義者當中還有人絲毫沒有學會一點東西的話）。

但是，社會主義和共產主義在科學上有區別，却是很明顯的。通常所稱的社會主義，馬克思名之爲共產主義社會底〖第一〗階段或低級階段。既然生產資料已變爲公共財產，那末〖共產主義〗一語在此處也是可以應用的，如果不忘記這還不是完全的共產主義的話。馬克思這些解釋底偉大意義，就是他在這裏也一貫地應用了唯物主義辯證法，發展論，把共產主義看成是從資本主義中發展出來的東西。馬克思並沒有煩瑣式地臆造和〖虛構〗過種種定義，也沒有從事於毫無意思的字面爭論（什麼是社會主義，什麼是共產主義），而是分析了可以稱爲共產主義在經濟上成熟程度的各個階段。

在其第一階段上，共產主義還不能是在經濟上已經完全成熟的，還不能是已完全擺脫資本主義底傳統或痕跡的。由此就有一種有趣的現象，就是在共產主義底第一階段上仍保留着〖資產階級式的法權底狹隘眼界〗。既然在消費品底分配方面保留着資產階級式的法權，於是當然也就要有資產階級式的國家，因爲若沒有一個能够强迫人們遵守法權標準的機關，則所謂法權便等於零。

可見，在共產主義下，在一定時期以內不僅會保留着資產階級式的法權，甚至還會保留着沒有資產階級的資產階級式的國家哩！

驟然看來，這好像是强詞奪理，或不過是一種玩弄聰明的辯證把戲，而那些沒有花費過絲毫功夫去研究馬克思主義異常深刻內容的人們，也就是時常這樣來責備馬克思主義的。

其實，新事物中間留下有舊事物殘餘的情形，我們無論在自然界或社會實際生活中都是隨時隨地可以看見的。馬克思也並不是任意把〖資產階級式的〗法權塞到共產主義中去，而是指出一種剛剛從資本主義胎胞中產生出來的社會裏在政治上經濟上所必不可免的東西。

在工人階級反對資本家而謀自身解放的鬥爭中，民主制是有巨大意義的。但民主制決不是一種不可踰越的極限，而祇是從封建制度到資本主義和從資本主義到共產主義的道路上的一個階段。

民主制底意義就是平等。很明顯的，如果把平等正確瞭解爲消滅階級，則無產階級之爭取平等的鬥爭以及平等口號，就有非常重大的意義。但是，民主制僅僅是形式上的平等。所以，一待社會全體成員對於佔有生產資料的平等實現以後，就是說，一待勞動平等和工資平等實現以後，在人類面前就必然會立刻發生要更進一步的問題，要從表面上的平等進到實際上的平等，即實現〖各盡所能，各取所需〗這一原則的問題。至於人類究竟會經過怎樣的階段，究竟用怎樣的實際方法去達到這個最高的目的——這是我們所不知道而且也不能知道的。可是，必須認識，資產階級通常把社會主義想像為一種殭死、凝滯、永遠不變的東西的這種觀念，是無限虛僞的，其實，只有從社會主義實現時起，在社會生活和個人生活所有各方面才會開始發生迅速的、眞正的、眞是羣衆的、有大多數居民以至全體居民參加的前進運動。

民主制是一種國家形式，是一種國家形態，於是，它如同任何國家一樣，也是對人們所施行的有組織、有系統的强力。這是一方面。可是，另一方面，民主制就是在形式上承認公民一律平等，承認大家都有平等權利來決定國家制度和管理國家。而這點又與下述一點有連帶關係：民主制在其發展底某個階段上，第一就把反資本主義的革命階級——無產階級——團結起來，並使其有可能去打碎、粉碎、根本剷除資產階級的——那怕就是共和派資產階級的——國家機器，即常備軍、警察和官吏機體，而代之以更民主的，但終究還是國家的機器，即是由武裝的工人羣衆——過渡到全體人民概行參加的民警——所構成的國家機器。

這裏就是『數變爲質』：這樣高度的民主制是以越出資產階級社會底範圍，即以開始按社會主義原則改造這個社會爲連帶條件的。如果眞正一切人都參加國家管理，那末資本主義便不能再支持下去了。而資本主義底發展本身又造成使眞正〖一切人〗都能參加國家管理的前提。屬於這種前提的，就是在許多最先進資本主義國家中已經實現了的人人識字情形，其次就是千百萬工人被那些已經社會化的巨大的複雜的機關，如郵政、鐵路、大工廠、大商業、銀行事業等等等等所〖訓練和紀律化〗。

在這種經濟前提下，就完全有可能來立刻，在二十四小時內，進到實行推翻資本家和官吏，而用武裝的工人，普遍武裝的人民代替他們去從事於監督生產和分配，統計勞動和產品（不要把監督和統計的問題，與有科學素養的工程師和農藝家等等人員的問題混爲一談：這些先生們今天在資本家管制下工作，明天他們就會在武裝工人管制下更好地工作的）。

統計和監督就是爲了把共產主義社會第一階段安排好，使它能正確動作所必需的主要條件。在這裏，一切公民都變成國家——武裝工人——底僱員了。一切公民都變成一個全民的，國家的〖新迪加〗底職員和工人了。全部問題就在於要他們正確遵守工作標準，同等工作，並同等領取報酬。對於這件事情的統計和監督，已由資本主義弄成簡單已極，弄成爲一種非常簡易的，連任何一個識字的人都能勝任的視察和登記手續，計算加減乘除和發給相當收條的手續㊀。

當大多數人民都自動和到處實行這種統計，實行這種對於資本家（此時已變成了服務人員的資本家）以及對於那些保留着資本主義習氣的知識分子先生們的監督時，於是這種監督就成爲眞正包羅萬象的、普遍的和全民的了，那時就會無法逃避這種監督，就會〖無處可逃〗了。

全社會都將成爲一個管理處，成爲一個勞動平等和報酬平等的工廠。

但是，無產階級在戰勝資本家和推翻剝削者以後所推行於全社會的這種〖工廠〗紀律，絕對不是我們的理想，也不是我們的終極目的，而只是爲要澈底肅淸社會上資本主義剝削制底卑鄙醜惡現象，並爲繼續向前進展所必需的一個階段而已。

當社會全體成員，或至少是絕大部分成員自己已經學會管理國家，自己把這個事務握在自己手中，已經〖辦

㊀ 當國家底主要部分的職能，都簡單化爲由工人自己來幹這種統計和監督的時候，國家就不復成爲〖政治的國家〗，那時〖社會職能就由政治職能變爲簡單的管理職能了〗（參看國家與革命第四章第二節——論恩格斯與無政府主義者的論戰）。

• 118 •

好了〗對於極少數資本家的監督，對於那些想保留資本主義惡習的先生們的監督，對於那些深爲資本主義所敗壞了的工人們的監督時，於是任何管理的需要，就會根本開始消失下去。民主制愈完備，則它變成贅物的時候便愈逼近。由武裝工人所組成的〖國家〗——即〖已不是原來意義上的國家〗——愈民主，則任何國家也就開始消亡得愈迅速。

因爲當大家都已學會管理並且實際上已在自動地管理社會生產，自動地實行監督那些寄生蟲、老爺、騙子以及諸如此類〖資本主義傳統底保存者〗的時候，迴避這種全民統計和全民監督的舉動就必然會變成極困難極罕見的例外，而且定會受到極迅速極嚴厲的處罰（因爲武裝工人是實事求是的人，而不是感情用事的知識分子；他們未必會讓人來和他們開玩笑的），於是遵守人類一切公共生活底簡單基本規則的必要性很快就會成爲習慣了。

到那時候，就會門戶洞開，可以從共產主義社會第一階段進到它的高級階段，而國家也就會完全消亡下去了[127]。

簡要註釋

1 恩格斯在一八九一年發表這個批判的時候，就拿這個序文附加在這個批判上。（見正文第一頁）

2 白拉克（一八四三年——一八八〇年）——愛森拉赫黨底領袖之一，接近馬克思和恩格斯並擁護他們兩個，但在他們兩個反對哥達綱領的機會主義的那個鬥爭裏不很堅强。在一八七三年他做了一本小册子叫做拉薩爾底提案，批判了拉薩爾要拿『國家輔助』來設立工人生產合作社的要求。在這個小册子底序文裏，他寫道：『自從我懂得馬克思底著作並加入愛森拉赫黨以後，我就越加確信凡欲實現拉薩爾底那個提案的一個企圖，不但對於工人運動沒有好處並且還有害處。』（見正文第一頁）

3 蓋抜（Angust Geib 一八四二年——一八七九年）——愛森拉赫黨底會計長，從一八七四年起當選爲國會議員。（見正文第一頁）

4 奧鵝爾（Ignaz Auer 一八四六——一九〇七年）——愛森拉赫黨底書記，後成爲德國社會民主黨底改良派領袖之一。（見正文第一頁）

5 哈勒（Halle）黨大會，即德國社會民主黨自從社會主義者法令撤廢以後第一次大會，舉行於哈勒，在一八九〇年十月十六日根據哥達綱領底主要起草人李卜克內西底動議決定準備一個新綱領草案給下屆大會。由李卜克內西起草由大會通過的決議案對這個決定附加了這樣一個理由說哥達綱領［無論如何在過去十五年間尤其在［社會主義者法令］的實施期間正當地辯護了自己，不過現在所有據點已經不合時宜了］。德國社會民主黨底新綱領是在愛爾富爾脫（Erfurt）大會上被採用的，叫做愛爾富爾脫綱領。新綱領和哥達綱領比較起來，確是一個巨大的前進，但不管恩格斯堅決的要求，這個新綱領沒有提到無產階級專政底問題，並且在許多過渡的要求裏面，新綱領甚而沒有提出民主共和國底要求。列寧在他的國家與革命裏面作了新綱領的批判。（見正文第二頁）

6　見馬克思給白拉克的信（本書第5頁）。在那裏，馬克思像下面那樣寫着：［合併大會開了之後，恩格斯和我將要發表一個簡短聲明，內容是表明我們和那原則綱領距離太遠，而且沒有絲毫關係。］但為什麼馬克思沒有做這件事呢？其說明請看恩格斯給伯伯爾的信（本書第57頁）。（見正文第二頁）

7　第一國際底第五次大會（即海牙大會），舉行於一八七二年九月，這次大會主要事件是無政府主義者巴枯寧一派站在一方面，和馬克思與恩格斯所領導的總評議會站在另一方面的鬥爭。大會底多數支持了總評議會。巴枯寧被驅逐了，但巴枯寧派甚而在海牙大會以後仍繼續其反總評議會的鬥爭。數年後，第一國際，即［國際工人聯合會］［在一個方向上在向着將來前進的方向上支配了十年之後］（見恩格斯給孰爾格（Sorge）的信，一八七四年九月十二日——十七日），在形式上停頓了。（見正文第二頁）

8　論到馬克思主義和巴枯寧底無政府主義之間在原則上在實踐上最重要的差別，列寧曾寫道：［馬克思主義和無政府主義之間的差別是這樣：馬克思主義承認國家底必要性過渡到社會主義時；不過（這兒是他和考茨基一幫傢伙不同），不是一種通常的、議會制度的、資產階級的民主共和國那種形式的國家，而是像一八七一年巴黎公社和一九〇五年以及一九一七年工人代表蘇維埃那樣的國家。］……巴黎公社失敗之後，歷史把運動的組織工作和教育工作提到日程上來。另外一種工作是沒有的……無政府主義者們當時（現在也還如此）不單在理論上並且也在經濟上政治上是根本錯誤的。無政府主義者們把情况估計錯了，他們不了解那時的世界形勢：英國的工人被帝國主義的利潤收買了；巴黎公社失敗了；德國資產階級民族運動新近的勝利；半農奴制度之數百年昏睡着的俄國。馬克思和恩格斯正確判斷了情况，他們了解國際情况，他們看到了社會革命遲緩發展的任務。（列寧全集第二十卷，第一册，一七九——一八〇頁）。（見正文第二頁）

9 在此地印出的批判本文裏面所有被勾消的字行都給復原了。（見正文第三頁）

10 和這封信一起，馬克思寄了他的哥達綱領批判給白拉克；一八九一年恩格斯連這封信一起發表了馬克思底這個批判。（見正文第五頁）

11 指巴枯寧底『國家主義與無政府主義在國際工人聯合會內部的兩黨鬥爭』（一八七三年），在這本書裏，巴枯寧稱李卜克內西是馬克思底工具，又說在『馬克思底直接領導之下』，李卜克內西底一切理論上策略上的錯誤，馬克思要負責任。（見正文第六頁）

12 當一九〇二年俄國底『經濟主義者們想假借馬克思這個思想來辯護自己』的時候，列寧對這個企圖給了決定的打擊。當時，列寧把馬克思底這些說話底實際內容和馬克思寫下這些說話當時的具體情形配合起來說明了馬克思底意見：『如果願意合併——馬克思寫給愛森拉赫黨底領袖們說——那末，你們應該以實現運動底實踐目的底名義商訂一個協定，但不要容許原則底買賣，不要在理論上讓步！這就是馬克思底意見。……』（列寧全集第四卷，第二册，一五二頁）。（見正文第六頁）

13 兩黨合併的哥達大會，舉行於一八七五年五月二十二日到二十七日止。拉薩爾派底大會，在五月初已經舉行了，但愛森拉赫黨底大會到後來六月八日才舉行於漢堡。（見正文第六頁）

14 資本論第一卷的第一次法文翻譯由馬克思親自校正後，在一八七二——一八七五年之間在巴黎分成單行本出版。（見正文第七頁）

15 倍格爾（一八二六——一八二年），德國歷史家兼政論家，拉薩爾底『德國工人總會』底創始人之一。拉薩爾死後，基於拉薩爾底遺囑他被選爲拉薩爾派底主席。後來，在一八六六年初，他和拉薩爾派分裂了，就加

入愛森拉赫黨。（見正文第七頁）

16 馬克思的小册子科侖共產黨審判之眞相，在一八五六年寫成，由『人民國家』書店出版，附有馬克思一八七五年一月八日的跋文。（見正文第七頁）

17 參照資本論第一卷，郭、王譯本，第一二七頁：『勞動最先是人與自然之間的過程，在這過程中，人由他自己的活動，以引起、以規劃、以統治人與自然之間的物質代謝。人以一種自然力的資格，與自然物質相對立。他因爲要使自然物質，採取對自己生活上有用的形態，乃推動各種屬於人身體的自然力，推動他的臂膀、他的腿子、他的頭、他的手。但當他以這種運動，加在自身之外的自然，並變化它時，他同時也變化了他自己的本性。』（見正文第一二頁）

18 參照資本論第二卷，郭、王譯本，第一一頁：『生產不論採取何種社會形態，勞動者與生產手段常爲其因素。但這兩種生產因素的任一方面，都衹能在可能性上分離開來。它們必須互相結合，才能有所生產。社會結構上各種不同的經濟時代，就是憑這種結合所由以成就的特殊方式來區別的。』（見正文第一二頁）

19 盧騷（一七一二——一七七八年）——啓蒙時代底哲學家兼政治思想家。當作資產階級（第三等級）革命派底代表，他是一個澈底資產階級民主主義底理論家。他是一個反對封建剝削、反對專制政治的熱情戰士。他擁護『人民主權』底理論，這理論在甲可賓黨底平民的革命鬥爭裏得到了實現。他用關於自然的平等，人類底原始的幸福的共產的狀態，自然底優越性以及關於文化啓蒙底自然的生來的特質等等抽象而非歷史的學說來建築他的封建制度底批判。他的同時人叫他爲『自然使者』。馬克思在他的哥達綱領批判裏指出哥達綱領不指出社會秩序及其發展規律底科學的階級分析來，反而在這兒重複着抽象的令人想起盧騷學說的理論。（見正文第一三頁）

20 拉薩爾（一八二五年——一八六四年），初起以律師爲業，政論家，在德國工人運動上起了相當大的作用。當六十年代之初，德國工人運動洶湧於全國之際，拉薩爾乘機創立了『德國工人總會』，這樣第一次建立了德國工人底不受資產者民主政黨支配的大衆政治組織。在這點上他建立了他的重要歷史地位。有一個時期，他接受了馬克思的影響，或者靠親身來往，或者用信札來往接近了馬克思，甚而自稱是馬克思底『學生』；但他沒有接受無產階級革命底立場。他在機會主義底途徑上指導他建立的那個政黨，提出了改良主義底口號，宣傳經過有着普選的『自由』國家（即資產者國家），經過普魯士政府所補助的生產合作社來達到社會主義。在當時最重要的政治問題上，即在德意志底統一問題上，因這問題或者由革命來解決，或者由普魯士所進行的王權戰爭來解決，拉薩爾却和俾斯麥訂了協定，勾結起來，直接在普魯士地主政府底手下幫助了普魯士底統一。列寧曾在一九一三年寫道：『拉薩爾和拉薩爾派看到統一底無產階級的和民主的道路底命運少，就採取了動搖觀望的策略，遷就了地主俾斯麥底領導權。他們的錯誤引導這個工人政黨走向拿破崙式國家社會主義底歧途。』（列寧論奧格斯德·伯伯爾）在一九一五年列寧又說：『拉薩爾……在獻媚於俾斯麥底期間——是機會主義者。拉薩爾遷就了普魯士和俾斯麥底勝利，敷衍了意大利和德意志民主的民族運動底力量不足。這樣子，拉薩爾就偏到『民族自由主義的工人政策』底方向去了。關於這個問題，相反地，馬克思促進了和發展了一個獨立的澈底民主主義的與那種『民族——自由主義』底懦怯相反的政策（普魯士之參加一八五九年反拿破崙的戰爭給了德意志的人民運動以激動力）。拉薩爾底往上看遠過於往下看，給俾斯麥迷住了。俾斯麥底成功斷沒有理由來辯護拉薩爾底機會主義。』（列寧全集第十八卷第一三一頁）拉薩爾主義在德國工人運動底全部歷史中經常是機會主義者底旗幟，在世界大戰中，以及以後社會愛國主義者、社會法西斯蒂，屢次提出『回到拉薩爾去』的口號。（見正文第一五頁）

21 指『國際工人聯合會』即第一國際底『規約』（馬克思在一八六四年九月起草的）。規約底該部分是：『工人之經濟地隸屬於勞動手段即生活源泉底私有下，種下了一切形態底奴役，社會的貧困，精神的愚鈍，政治的附屬。』（見正文第一五頁）

22 馬克思指的是拉薩爾和俾斯麥訂結的『協定』。馬克思和恩格斯早已料到此事之存在。他們的預料直到拉薩爾死後才證實。在一八六五年

·125·

二月二十三日給柯格爾曼（Kugelmann）的信裏，馬克思關於此事曾這樣寫道：［無論如何拉薩爾在事實上背叛了該黨，證據已經落在我們手裏，不久便會水落石出。他已經和俾斯麥發生了形式上的接觸（不成問題，任何種類的保證都拿不到手的）。在一八六四年九月底，他曾準備到漢堡去……强迫俾斯麥合併史萊斯維西·霍爾斯旦（Schleswig-Holstein），換言之，他曾拿［工人們］底名義來宣佈這個合併。對這件工作的報酬，俾斯麥答允普遍選舉以及些許社會主義的育藥。很可惜拉薩爾沒有能够把這齣把戲表演到底。倘幹出來，這齣把戲一定會愍得他像可笑的蠢才一樣，並且一定會把他弄到以後所有這類的企圖再也沒有辦法嘗試。］馬克思並沒有知道拉薩爾不是在死前不久，而是早已在一八六三年五月初就和俾斯麥定了協定。這也難怪，因爲這件事證直到一九二八年才偶然發見，結果才知道拉薩爾底［德國工人總會］是得了俾斯麥底默許而創立起來的。馬克思形容拉薩爾派是普魯士皇家底社會主義者，這並不是宽枉。關於這點，我們引用一八六三年六月八日拉薩爾給俾斯麥的信裏一段：［工人層方面可能轉移得過來……承認皇帝爲社會獨裁底自然的負責者去反對資產者社會的利己主義。倘皇帝方面……肯下决心……開闢一個眞正革命的民族方向並且親手把特權身份的君主國改成一個社會的革命的民衆君主國。］（見［俾斯麥和拉薩爾：他們的信件和談話］）（見正文第一五頁）

23　在資本論裏面，馬克思稱生產物底總價値爲［諸生產物底價値］，因爲他標明那勞動在生產物上追加上去的，價値底新部分爲［新價値］，爲［新添加的價値］（參照資本論第一卷第六章［不變資本與可變資本］，第七章第三節［西尼耳的［最後一小時］］。關於［新價値］也請參照第十五章［勞動力價格和剩餘價値上的量的變化］）。（見正文第一六頁）

24　馬克思在一八七二年曾論過宗派社會主義。在他反駁巴枯寧的小册子第一國際內部被意想出來的分裂裏說：［反資產階級的無產階級底鬥爭底第一個階段，是拿宗派運動做標幟的。在無產階級尙未充分發展到能够當作階級起來行動的時代，是可以稱爲正當的。孤零的思想家們對社會上種種敵對情形提出了批判和空想的解决，以爲只要工人們接受這些解决，當作完全無缺的東西去宣傳、實行就够了。在這個以個人的創始性來

·126·

建立的宗派傾向裏面已經存在有一個事實，就是他們親身離開一切實際活動很遠，離開政治，罷工，職工會，一句話離開一切集體的運動。無產階級大衆對他們的宣傳始終表示冷淡，甚至表示敵意。巴黎和里昂底工人們一點也不理睬聖西門派、傅立葉派和伊加里派（Icarians）；同樣英國的憲章運動者、職工運動者也不理睬歐文派，這些宗派在初期對於運動發生了起重作用，但一旦運動本身追出了它們，它們就變成了障礙物，變成反動了。其偉大的證據，就是這些宗派在法國，在英國，以及最近拉薩爾派在德國阻礙了無產階級底團結，好多年之後，結局變成單純的警察底工具了。約言之，它們代表了無產階級運動底幼稚，正像占星術和煉金術代表了科學底幼稚一樣。」（見正文第一六頁）

25 恩格斯在他的小著住屋問題裏頭，也批評到「不折不扣的勞動底所得」之「社會主義的」要求，並且論駁了法國小資產者社會主義者蒲魯東（見本書第49頁第80註）底體系，因爲蒲魯東也主張這個要求。他寫道：「並且這是明白的道理：凡在那由現代大規模工業來造成的（共產）社會的生產裏面可能保障每個人得到「他的勞動底全部所得」，倘這句話還有點意義的話。並且這一句話只有一個意義，倘這句話伸展到不是每一個各別的工人成爲「他的勞動底全部所得」底所有人，倒反而整個由完全工人們造成的社會，成爲他們的勞動底總生產物底所有者，而總生產物底一部分，分配到社會成員中去消費，一部分拿去補充並增加社會底生產手段，還有一部分留下來當作生產和消費底儲備來源。」（見正文第一八頁）

26 參照列寧批駁拉薩爾的「不折不扣」或「全部勞動底所得」。（見國家與革命第五章第三節：「共產主義社會第一階段」）。（見正文第一八頁）

27 在反杜林論裏頭，恩格斯關於要求平等的這個要求，寫了下列一段話：「所以在無產階級口中要求平等的這個要求，有兩個意義：或者一方面，尤其在運動剛剛開始的時會，例如在農民戰爭裏頭，是一個自然的反響，準對着呼痛的社會不平，準對着貧富底對立，封建地主和農奴底對立，溫飽和飢餓底對立；這樣的一個要求，原來是革命本能底一個單純的表現，並在這個表現裏面，實在只在這個表現裏面獲得他的正當性；或者另一方面，無產階級要求平等是當作一個反抗作用提出來的準對着資產階級要求平等，並且還從資產階級底這個要求裏面得出了或多或少正確的和更廣泛的要求，並且利用這種要求當作鼓動手段去喚起工人們去根據資本家自己的一些主張來反對資本家們；所以在這個時會，無產階級底這個要求和資產階級底這個要求站在一起落在一起。但在上述兩個意義的時會裏，無產階級底平等要求底實際內容是要求廢止階級。平等底任何要求倘越出這個意義底範圍，必然會變成荒謬。』

在他的著作『無產階級專政時代的經濟和政治』裏，列寧聯繫到恩格斯底這個說明，寫道：『恩格斯在反杜林論一書中早已解釋過，平等概念是商品生產底反映，所以假若不把平等了解爲消滅階級，那末，平等概念便會變成一種偏見。關於資產階級民主主義平等概念與社會主義平等概念不同的這種淺近眞理，是常常被人遺忘的。如果不忘記這個眞理，那就顯而易見，無產階級把資產階級推翻，就算是在消滅階級的方向上實現了最重大的前進步驟，無產階級爲要把消滅階級這事業貫澈到底，就應當利用國家政權機關來繼續進行自己的階級鬥爭，同時要對被推翻了的資產階級和動搖不定的小資產階級，採取不相同的鬥爭、影響和逼迫手段（全集第二十四卷）。在這書裏，列寧一部分引用了、一部分撮錄了並發展了馬克思在這個批判裏面提出來的思想。

關於共產主義初期的『公平』和『平等』，列寧曾在國家與革命裏面寫過下面一段話：『……共產主義第一階段上，還不會有什麽公平與平等：富足程度的差別依然存在，而這種差別是不公平的，但是人剝削人的事情已經是不可能了，因爲那時已無法把生產資料——工廠、機器、土地等等——據爲私有。馬克思批駁拉薩爾所說一般『平等』與『公平』的小資產階級模糊辭句時，就指明了共產主義社會發展的行程，這個社會將迫不得已而起初僅僅消滅私人佔有生產資料這一『不公平』現象，却不能够一下子就消滅『按工作』（而不是按需要）來分配消費品的那種尙屬存在的不公平現象。』

聯共在進行鬥爭去反對『左』派在工錢問題上的平等主義之際，完

• 128 •

全根據馬克思和列寧關於共產社會初期的學說。斯大林强調了這點，在他的在經濟專家會議席上的有歷史意義的演說裏說：馬克思和列寧說過：熟以勞動與不熟練勞動間的差別，甚至在社會主義制度下，甚至在階級消滅練後，也還會存在的；這種差別只有在共產主義制度下才會消滅；因此甚至在社會主義制度下，〔工資〕也應按各人勞動來發給，而不應按各人需要來發給。可是，我們那些經濟工作人員和工會工作人員中的平均主義者，却不同意這點，而認爲在我們蘇維埃制度下，這個差別已經消滅了。究竟是誰說得對呢：是馬克思和列寧呢，還是平均主義者呢？大概是馬克思和列寧吧。但由此就應得出結論：誰在現時忽略熟練勞動與不熟練勞動間的差別，而根據平均主義〔原則〕來規定工資標準，誰就是離開了馬克思主義，離開了列寧主義。〕（斯大林：列寧主義問題，一九四九年莫斯科外國文書籍出版局版，第四五二頁）關於這點也請看斯大林和德國著作家愛米爾·魯特維西（Emil Ludwig）的談話，一九三一年。（見正文第二一頁）

28　在他的國家與革命裏面，列寧說明並發展了馬克思底論點如下：〔因此，在共產主義社會第一階段（普通稱爲社會主義的階段）中，〔資產階級式的法權〕還沒有完全取消，而只是局部取消，只是在已經達到的經濟改革範圍內，即只是在對於生產資料的關係上取消。〔資產階級式的法權〕承認生產資料是某些個人底私有財產。社會主義將其變爲公共財產。在這個限度內，——且只有在這個限度內，——〔資產階級式的法權〕是不復存在的了。

〔但是，它在其另一部分中却依然存在，它依然是社會各成員間分配產品和分配勞動的調節者（決定者）。〔不勞動者不得食〕這一社會主義原則已經實現了；〔按等量勞動領得等量產品〕這一社會主義原則，也已經實現了。然而，這還不是共產主義，這還沒有消除認許不相等人們按不等量的（事實上不等的）勞動領取等量產品的那種資產階級式的法權。

〔這是一個〔缺點〕，——馬克思說，——但這在共產主義第一階段上是不可避免的，因爲若不陷於空想主義，就不能以爲一推倒資本主義以後，人們立刻就可學會替社會勞動而不需要任何法權標準，而且資本主義

底廢除並不能立刻造成這種變更底經濟前提。』（見正文第二一頁）

29　在一九一九年十二月列寧聯繫到『共產主義者底星期六』，寫道：『倘若我們自己問問自己究竟怎樣把共產主義和社會主義分別開來，那末我們一定說：社會主義是直接從資本主義裏生長出來的社會，說這是新社會底第一個形態。另一方面，共產主義是社會底更高級的形態，這個形態祇有社會主義已經獲得堅固不動的根基時，才能夠發展。社會主義首先要有不靠資本家的勞動，要有社會的勞動在勞動大衆底最前進部分即有組織的先鋒隊底嚴密的計算、管理、監督之下；並且還要確定勞動底範圍和程度，以及對勞動的補償額。這些事體必須預先確立，因爲資本主義社會還留剩了在一切農業國裏盛行着的分散的勞動，對社會主義經濟的不信任，小私有者底舊習氣等等之類的殘餘和習慣給我們。這一切對眞正共產主義經濟是背道而馳的。另一方面，凡無須任何强制裝備，人類已慣於自動實現社會的義務，凡爲公共幸福計，不必付工錢的勞動，已變成普遍的現象，這樣一個制度，就叫做共產主義。』（全集第二十四卷。又見列寧的論文：『從幾百年的一個社會秩序底破壞到一個新社會底建設』。全集第二十五卷）。（見正文第二二頁）

30　在資本論第二卷裏馬克思說：『並且不到生產方式底性格裏去發現那相符的流通方式底基礎，反而倒轉來看，這種看法是和唯利是圖的資產者底眼界一致着。』生產和分配、交換以及消費底關係問題是由馬克思詳細分析在他的未完成的政治經濟學批判序言（一八五七年）裏。

在列寧的論文『人民主義的經濟內容以及司徒盧威先生在他的書裏對人民主義的批判』（一八九四年）裏，他會提到哥達綱領上引的一段並且說：『馬克思拿庸俗社會主義到科學社會主義下面去對照過：科學社會主義決不付與重要的意義給分配。科學社會主義，通過生產關係底組織，去分析明白社會秩序，科學社會主義認到生產關係組織底一定體系已經包含着分配底一定體系在它自己裏面，這個見解一貫地貫徹在馬克思底整個學說裏面。』（見正文第二三頁）

31　第一國際規約序文在字面上這樣寫着：『工人階級底解放……必須由工人階級自己來爭取……』。（見正文第二三頁）

· 130 ·

32 從略。(見正文第二三頁)

33 見恩格斯給伯伯爾的一八七五年三月十八日的那封信(本書第45頁)。

馬克思和恩格斯在批駁這個口號時，常常指出無產階級底歸結底意義;他們强調了市紳民主革命的生長到社會主義革命底生長過程底莫大意義。恩格斯在一八八二年十一月二日寫給伯恩斯坦說:「倘有人以爲下次的革命要世界分成兩支軍隊，我們站在這邊，一個反動集團站到那邊去才幹得起來，那末，這種見解是孩子氣的見解。」

這個見解底意思不外是:「革命要從第五幕開始，不要從第一幕開始，但在第一幕裏一切反對黨派底羣衆都一齊站起來反抗政府和它的工具而得到勝利之後，然後勝利者方面底各個黨派，一個一個用完他的力量，做完他的工作，一個一個不中用下去。這樣子到結局把人民大衆整個推到我們這方面來的時候，這時候，那有名的全線進攻的大決戰才能出現。」並且列寧也曾講到這個問題如下:「倘相信社會革命沒有各處殖民地的和歐洲的弱小民族底起義，沒有具有一切偏見的小資產階級底一部分底爆發，沒有落後的無產的半無產的大衆底運動來反抗財產所有人底和教會底枷鎖，反對專制君主的和民族的壓迫也可以設想——倘相信這個，那就是拒絕社會革命。只有幻想一方面有這一支軍隊集結起來高呼:「我們擁護社會主義」，另外一方面有另外一支軍隊集結起來高呼:「我們擁護帝國主義」這樣幻想起來，這幻想才是「社會革命」!」

誰要靜待一個純粹的社會革命，他就終生也體驗不到這個革命，他也只是在口頭上的革命家，現實的革命不是他所能理解的。

一九〇五年的俄國革命是一個資產階級民主主義的革命。它包括全人口底一切不平等的階級集團以至分子的一個排列底鬥爭，大衆底運動在客觀上明明替沙皇掘了墳墓，替民主主義開拓了道路，因此有階級覺悟的工人們才起來領導了這個革命。歐洲的社會主義革命，除了一切以至每個被壓迫的不平的人們的大衆鬥爭的爆發之外，不可能有其他的東西。(見正文第二三頁)

34 見馬克思和恩格斯合著共產黨宣言(解放社版，第三五頁)。(見

正文第二四頁)

35 這裏借用的宣言底文句，是這樣寫着的:〖中間等級——小工業家、小商人、手工業者、農民——所有他們都和資產階級鬥爭，爲的是挽救自己的中間等級的生存，以免於滅亡。所以他們不是革命的，而是保守的。不僅如此，他們是反動的，他們企圖使歷史車輪倒退。如果他們是革命的話，那只是因爲他們即將轉入無產階級的隊伍，那只是因爲他們保護的不是自已的現在的利益，而是自已的將來的利益，那只是因爲他們拋棄自己的觀點以便站到無產階級底觀點上來的緣故。〗(共產黨宣言·解放社版，第三五頁)。(見正文第二四頁)

36 此地所指國會選舉，是在一八七四年舉行的。(見正文第二四頁)

37 參閱本書第15頁第22註。(見正文第二五頁)

38 馬拉(一七四三——九三年)是法國大革命底最出色的一個人物，最堅强的革命煽動家之一。馬克思所稱柏林的馬拉，是諷刺拉薩爾派的機關報新社會民主報底總編輯哈森克雷曼。(見正文第二五頁)

39 第一國際，即〖國際工人聯合會〗(一八六四——七二年)，在馬克思底領導之下〖打下了工人階級底國際組織底基礎，準備他們的革命的進攻，對着資本主義〗。(列寧全集二十四卷)在他的論文:卡爾·馬克思裏，列寧還記了第一國際的歷史如下:〖五十年代末和六十年代民主運動復興時期，重新呼喚馬克思去進行實際活動。一八六四年(九月二十八日)在倫敦建立了有名的第一國際，即國際工人協會。馬克思是這個團體底靈魂，是其最初一個〖通告〗、許多決議案、聲明和宣言底作者。馬克思設法把各國工人運動統一起來，把馬克思主義以前的各種非無產階級社會主義流派(馬志尼、蒲魯東、巴枯寧、英國的自由主義工聯派、德國的拉薩爾右傾等等)納入一致行動底軌道，反對了所有這一切宗派和學派的理論，爲各國工人階級鍛鍊了統一的無產階級鬥爭策略。自從……巴黎公社遭到失敗(一八七一年)而巴枯寧派又把國際分裂時起，國際已經不能在歐洲存在下去了。於是，在海牙那次國際代表大會(一八七二年)以後，馬克思便把國際總委員會遷到了紐約。第一國際已經完成了它所負的歷史使命，把位置讓給世界各國工人運動增長更大得無比的時代，即工人運動向橫廣方面發展，羣衆社會主義工人政黨在各個民族國家範圍內相繼成立的時代了。』共產國際綱領的序文裏有下列一段：『……當作統一無產階級的統一而集中的國際政黨——共產國際，是繼承第一國際的各項原則並在革命無產階級運動底新大衆底基礎上實現出來的唯一政黨。』（見正文第二五頁）

40 請看共產黨宣言，解放社版三六——三七頁及四七頁。（見正文第二五頁）

41 在一八九〇年恩格斯描寫俾斯麥底外交政策如下：『一八五九年的那個戰爭也驚醒了普魯士。普魯士把軍隊差不多增加了兩倍，並且拿出一個至少在某點上在不擇手段這點上可以和俄羅斯底外交手腕抗衡的人物出來當舵。這人就是俾斯麥。當一八六三年波蘭起義之際，俾斯麥站在奧國、法國、英國底反對方面，裝腔作勢地左袒俄羅斯，並用盡方法來幫助俄羅斯獲取勝利。這個工作就確確實實使俄羅斯皇帝放棄了他對史萊斯維西·霍爾斯且問題的向來政策。在一八六四年經過沙皇同意，這塊德國底領土就脫離了丹麥，於是普奧戰爭在一八六六年就起來了；這時候沙皇看到奧國又遭一次懲罰，又看到他的唯一忠僕，雖在一八四九年——五〇年吃了幾脚之後仍舊忠實的——普魯士底勢力增加起來，便十分高興。一八六六年的普奧戰爭之後接連就有一八七〇年的普法戰爭。那時沙皇又站在普魯士方面幫助他的『老叔』；他直接去威脅奧國，這樣子，就剝奪了法國底能够挽救法國於一敗塗地的命運之中的與國。但是一八七〇年的沙皇亞歷山大，正如一八六六年的拿破崙第三一樣，看到德國軍隊這樣迅速的勝利就覺得上當了。』（俄羅斯沙皇的外交政策，新時代，一八九〇年）論到普法戰爭底意義，列寧寫道：『在普法戰爭中，德國搶刼了法國，但是，這個搶刼改變不了這個戰爭底基本的歷史意義；這個戰爭從封建的離心傾向又從兩個專制皇帝俄羅斯底沙皇和拿破崙第三手中解放了數千萬德國民衆。』（見社會主義和戰爭）（見正文第二五頁）

42 『國際自由和平同盟』，是資產階級民主派和自由貿易和平主義者們底國際組織。在六七十年代之間，當這『同盟』在一八六七年成立之

盟，第一國際在馬克思底推動和領導之下進行了決定的鬥爭反對這個『同盟』。這個『同盟』底口號是『各民族底聯合』和『歐洲聯邦』。（見正文第二六頁）

43　巴黎公社失敗之後，俾斯麥企圖在一八七一年到一八七二年之間訂結一個德、奧、俄三國底具文條約，以便共同迫害革命運動，特別迫害第一國際，結果，雖沒有達到訂定具文條約，但列强政府竟一致行動起來對付革命運動了。（見正文第二六頁）

44　北部德意志一般新聞，俾斯麥底機關報。在一八七五年三月二十日（第六十七號）上發表了一個社論：『關於社會民主黨的綱領草案』，在這個社論裏特別着重指出了綱領底第五點即馬克思在批判裏論到的這第五點，關於這第五點該報社論說：『社會民主黨至少在一方面看來好似想親自脫離第一國際底影響到某個程度』，『社會民主黨底鼓動工作從各方面看來已經很聰明了』，『已謝絕了第一國際』。（見正文第二六頁）

45　恩格斯對於哥達綱領底『國際主義』和馬克思具同一見解，他在一八七五年八月十三日寫給倍格爾（F. Becker）的信裏這樣說：『在德國……自從和拉薩爾派合併之後，和第一國際的聯繫——至今在任何時會都已經很鬆懈——就完全給破壞了。』（見正文第二七頁）

46　拉薩爾表明這個規律如下：『這個鐵的經濟規律在今天的關係之下，在勞動供求底支配之下，決定着工錢的這個鐵的經濟規律就是平均工錢始終停留在降到最低的生活必需的限度上……這個限度爲維持生存和生殖起見是必需的。』（公開的書面答覆給中央委員會，爲了召集全體德國工人大會於萊伯齊西，秋里希，一八六三年；見拉薩爾：講演和著作，柏林一九二六年政治的古典作家，第十五卷，二二三頁）又見恩格斯在一八七五年三月十八至二十八日給伯伯爾的信裏對這個規律的批判（本書第47頁）。（見正文第二七頁）

47　蘭格（F. A. Lange 一八二八——七五年），德國新康德派唯心論哲學家，小資產階級民主主義底言論家，社會改良主義的著作『工人問題對現在與將來的意義』（一八六五——一八七四年）底作者。（見正文第二八頁）

48　馬爾薩斯（Thomas Robert Malthus一七六六——一八三四年）英國經濟學家。在他的著作人口論裏，他展開了一個意見，說世界上有一個永遠不變的人口規律，就是人口數是按照幾何級數（1,2,4,8,16…）而增長，反之，維持人口所必需的食料只跟着算術級數（1,2,3,4,5…）而增長的。據馬爾薩斯的意見，結局貧困底根據是在人類無限制的生殖努力和必要營養手段底有限制的增加之間的自然矛盾裏。馬克思稱馬爾薩斯底這部書是對人類一個侮弄，他指摘了馬爾薩斯底所謂『規律』底無聊，並且證明了『事實上，每種特殊的歷史生產方法，都具有他自己在歷史上適用的特殊的人口法則』。（資本論第一卷，郭、王譯本，第五三〇——五三一頁。又見『馬爾薩斯理論底批判和資本主義生產方式底人口規律之敘述』）。（見正文第二八頁）

49　拉薩爾死於一八六四年九月的決鬥。（見正文第二八頁）

50　恩格斯在他的著作英國工人階級的現狀裏面描寫了資本家底工錢奴隸如下：『工人在法律上，在實際上，都是財產佔有階級的資產階級底奴隸；實足是一個奴隸，實足到他好像一個物品，可以販賣，價格或漲或落，像商品一樣。倘市場上對工人的需要增加，工人底價格就漲起來，倘需要低落，則價格也低落下去。倘工人底價格低落得太利害，低落到一批工人賣不出去的話，倘他們像資本家所說『放在囤倉裏』，那就是說他們閑散着，失業着；又因爲閑散不能過活，所以他們只好餓死。工錢奴隸和舊時明打明的奴隸之間只有一個分別，就是今天的工人好像是自由的，因爲他並不一次交割地整個出賣本身，而是一點一點出賣，一天一天，一星期一星期，一年一年出賣；又因爲他沒有任何所有人來出賣他給別人，反而因爲他不是那一個個人底，而是整個財產佔有階級底奴隸，所以他只好這樣販賣他自己。替他着想，實際情形在基本上毫沒有變化，並且倘這個表面上的自由在一方面也多少拿了一點現實的自由給他，但在另一方面，他也遭受了沒有任何人來保障他的生存的這樣一個不利，換言之，他時時刻刻有被主人即資產階級拒絕於門外弄到餓死的危險。總之，倘資產階級已經沒有興致來僱用他，他的生存馬上就成問題。反之，資產階級却不同，他們在這樣一個社會秩序裏面比在舊時奴隸制度裏面好得多，他們可以隨便開除僱用人員而不必犧牲一點投下資本，並且正如亞丹斯密很安慰地指出過，他們可以獲得非常便宜的勞動，要比奴隸勞動便宜得多。』（見正文第二九頁）

51　蒲賽（一七九六——一八六五年）——法國歷史家和著作家，在十九世紀的四十年代，他是法國舊教『社會主義』運動底領導者，他要求拿國家輔助來建立生產合作社，作爲鬥爭手段，來對付當時生長起來的革命運動。（見正文第三一頁）

52　路易斐立普（一七七三——一八五〇年）——法國『七月君主國』時代底皇帝。一八三〇年的七月的革命，給他乘機做了皇帝，一八四八年的二月革命，結束了他的統治。（見正文第三一頁）

53　作坊（Atelier）——法國（巴黎）底第一個工人刊物（月刊），這個刊物底同事和編輯完全是工人（一八四〇——一八四八年）。作坊派底集團，站在蒲賽底反動舊教社會主義的影響之下，在政治上，這派支持資產階級的急進派。（見正文第三一頁）

54　『至今——列寧在一九一六年秋關於這個題旨寫道——這個題旨，對於社會主義者是被認爲不可爭論的眞理的。在這個題旨裏面含有國家底承認，只要勝利的社會主義還有一天沒有生長到完全的共產主義。』（列寧全集第十九卷二八九頁）叛徒考茨基在一九二二年把馬克思底這個題旨，改變了花樣如下：——在純市紳階級和純無產階級所支配的國家之間，有一個由這一個到那別一個的轉變底時期，適合這個時期也有一個政治的過渡時期，這時期底政府在通則上會形成一個聯合政府底形態（考茨基：無產階級革命及其綱領，一九二二年，一〇六頁）。這樣了考茨基製造了一座橋樑，以備社會民主主義過渡到社會法西斯主義。（見正文第三三頁）

55　列寧在他的關於『哥達綱領批判』筆記裏面，關於這點加了下述的一個意見：『這是一個責難，這是明明白白的。這個責難從下述一段文章裏看得出來，這個綱領一味從事於陳舊的民主主義的禱告，並沒有想到無產階級革命專政以及共產主義社會裏的國家問題。』（見正文第三三頁）

·136·

56 從略。(見正文第三三頁)

57 德國人民黨或民主黨 —— 建立於一八六五年九月，改組於一八六八年九月之黨大會。該黨是德國尤其南部各中小邦國底反政府並且一部分贊成革命的小資產階級政黨。該黨提出了建立德意志民主共和國的口號來反對俾斯麥底把整個德國統一在普魯士君主專制和封建貴族底霸權之下的統一政策。該黨和國際的「自由和平同盟」(見本書第42註)有密切聯絡，並且竭力想在工人裏面得到勢力。也促成了各種工人教育會，並且在「德國工人聯合會」週年大會裏起了領導作用。差不多完全由工人聯合會底會員組織起來的薩克遜的人民黨組織，是李卜克內西和伯伯爾底據點，他們兩個就在人民黨底範圍內號召了獨立工人政黨底建立。後來在馬克思和恩格斯底推動之下，李卜克內西和伯伯爾兩人在一八六八年九月在德國的工人聯合會紐侖倍爾希大會上通過了工人聯合會加入第一國際的議案。又一年以後，即在一八六九年八月的工人聯合會底大會上創立了一個社會民主的工人政黨。於是人民黨對工人的影響頓形消滅了。(見正文第三三頁)

58 指的是拿破崙第三——法國皇帝(一八五一——一八七〇)。(見正文第三四頁)

59 提到馬克思關於新阿亨措侖日耳曼帝國憲法的這個批判，列寧在一九一五年寫道：「馬克思估計這個德意志憲法之現實的本質要比數百個歌頌「法治國家」的資產階級的教授們著作家們更深刻到萬倍，他們這批教授和著作家在那批德國的恩主底成績和勝利面前只好五體投地在地上爬。馬克思估計某個政治底階級的本質之際，決不讓既存的瑣碎事件來引導他，反而讓國際民主運動和國際工人運動底總經驗來引導他。」(見正文第三四頁)

60 在他底關於「哥達綱領批判」筆記裏面，列寧加了下述一個意見：在這些話裏面，馬克思好似早已看出考茨基根性底整個陳腐(見本書第76頁)。(見正文第三五頁)

61 威廉·格拉斯東(William Gladstone一八〇九 —— 一八九八年)，十九世紀後半期底英國自由黨底著名首相。此地所提的是他的兄弟勞勃生·格拉斯東(一八〇五——一八七五年)，利物浦底大商人。自由黨竭力宣傳累進所得稅，尤其主張要課加在大地主身上。(見正文第三五頁)

62 〖文化鬥爭——列寧寫道——就是俾斯麥在七十年代用警察迫害德國舊教政黨〖中央黨〗的一個鬥爭。經過這個鬥爭，俾斯麥只有加强了舊教底戰鬥的僧侶主義，只有危害了現實的文化事業；因爲他不把政治的分派而把宗教的分派推到歷史的舞台底前面，來藉此引誘工人階級底某些成份和民主運動底注意力離開階級鬥爭和革命鬥爭底迫切任務，而轉移到完全浮表的、虛僞的、市紳的反僧侶運動上去。〗(見列寧：論宗教)。(見正文第三七頁)

63 參照列寧(一九〇七)說：〖工人政黨雖在對國家的關係上把宗教當作私事看，但在工人政黨自己，對馬克思主義的關係上，决不把宗教當作私事看。〗(見正文第三七頁)

64 這個附錄，已包含一些在今天的社會裏面對抗資本勢力保護工人階級的要求。第一點是要求集會完全自由；關於這點，馬克思沒有論評。(因爲這是已經成爲常識的一個要求)。(見正文第三七頁)

65 就是說在意外事件勃發之際，和在有害健康的企業裏面對工人的康健和生命應負責任。(見正文第三九頁)

66 伯伯爾(一八四〇年——一九一三年)——十九世紀後半葉和二十世紀初起國際工人運動底最出色的代表，德國社會民主黨和第二國際底創立人和領導人，他的職業是旋盤工。他活動在列寧所謂〖由無產者們底階級團結起來產生並加强社會主義大衆政黨的時代〗。在馬克思和恩格斯有力影響之下，伯伯爾得了他們兩人很多的幫助和支持，犯了理論上、策略上機會主義的錯誤，得到他們兩人底指摘和批評，這樣才能打下一個工人大衆政黨底基礎。自從一八九五年恩格斯死後，在帝國主義時代底獨立條件之下，伯伯爾已經不站在革命無產階級領袖底地位上了。他雖然嚴厲反對伯恩斯坦底公然的機會主義。這個中間派傾向也自己表現在他和布爾什維主義底關係裏面，在他和考茨基以及其他等等人物合起來想溶化布爾什維主義在孟什維主義裏面的努力之中。(見正文第四三頁)

67 哈仁克勒夫(W. Hasenclever)、哈塞爾曼(W. Hasselmann)和透爾格(W. Tolcke)三人是拉薩爾派底三個著名領袖。第一個是從一八七一年到七五年間黨底主席，和愛森拉赫黨合併之後他兼任了很多重要職務，但表演不出領導底作用來，到一八八九年死了。第二個在俾斯麥反社會主義者法律底時代是無政府主義者，後在一八八〇年被逐出黨外。第三個透爾格（一八一七年——一八九三年）到老死爲止繼續留在德國社會民主黨底隊伍裏沒有離開。合併之後，在領導上沒有表演出什麼重要的作用來。（見正文第四三頁）

68 李卜克內西和伯伯爾所領導的德國社會民主工黨底綱領，是在一八六九年八月愛森拉赫（地名）的成立大會上正式通過的（愛森拉赫黨）。（見正文第四四頁）

69 指愛森拉赫黨員。（見正文第四四頁）

70 關於拉薩爾的常套語見『哥達綱領評註』之註則第33註。（見正文第四五頁）

71 關於『人民黨』見『哥達綱領評註』之註即第57註。愛森拉赫黨在一八七一年之後還仍舊和『人民黨』左派保持着政治接觸（『人民黨』左派領袖是耶考皮（Jacobi），是一個對俾斯麥帝國抱敵意的老民主派和共和主義者），當接觸之際，愛森拉赫派底領袖李卜克內西不懂得劃開一條充分銳利的界線，不懂得揭露一方面小市紳民主主義的反對派底政策和另一方面無產階級社會主義的政黨底革命政策之間的根本區別。馬克思和恩格斯常常責叱李卜克內西底這種右傾機會主義的錯誤是幫助了拉薩爾派。（見正文第四五頁）

72 人民國家是愛森拉赫黨在一八七〇年到一八七六年間的中央機關報，在萊伯齊西城每星期發行兩次，這個刊物底編輯人是李卜克內西。（見正文第四五頁）

73 弗蘭克府報當時是德國南部的小市紳民主派底機關報，是一個反政府的日報，它在工人問題上代表社會改良主義的立場。（見正文第四五頁）

74 哥達綱領底這些政治要求如下：

作爲國家底自由的基礎，德國工人黨期望：

（1）一切男子從二十一歲起享有普遍的、平等的、直接的與秘密的選舉權，參加國家與地方底一切選舉。

（2）經過民衆（全民）以建議與抗議底權利來直接立法。

（3）維持普遍的防禦。

（4）廢除一切例外法，如出版、結社與集會底法律。

（5）通過民衆來判决。免費司法。

作爲國家底精神的與人倫的基礎，德國工人黨期望：

（1）由國家來辦普遍的與平等的民衆教育。普遍的入學義務。免費教育。

（2）科學底自由。信仰底自由。

（民衆國家第二十七期，一八七五年四月七日，德國工人黨綱領）（見正文第四五頁）

75　關於對一八七〇——一八七一年普法戰爭，德國社會民主黨所取態度，見第一國際總評議會底由馬克思擬成的兩個呼籲關於普法戰爭。（見正文第四五頁）

76　從略。（見正文第四六頁）

77　拉薩爾在弗蘭克府在一八六三年五月十七和十九兩日舉行的兩個演說，由德國工人總會用『工人讀本』底標題來發表了，恩格斯暗指着第一個演說裏的一段。這個演說是由拉薩爾親自給他自己的『公開的書面答覆中央委員會爲召集全德國工人大會於萊伯齊西城事』（秋里希一八六三年版）那個小册子裏抄來的。（見正文第四七頁）

78　見『馬克思給白拉克的信』之註，即本書第5頁第10註。（見正文第四七頁）

79　亞曼·葛格（Amand Gogg　一八二〇——一八九七年）——巴登出身的小市紳民主主義者，一八四八和一八四九年革命底參加人，到六十年代開始宣傳和平主義，成爲市紳和平自由會底領袖之一。（見正文第四七頁）

80　蒲魯東（一八〇八——一八六五年）——小資產者的理論家，見共產黨宣言第三章，又見列寧的民族問題的批判筆記：「不想毀滅資本主義及其基礎的商品生產，反而要純化這個基礎，使它不被亂用而生阻障；不想毀滅交換和交換價值，反而想「制定」交換和交換價值，而想弄成普遍的絕對的「正當的」自由的不受漲落、恐慌、亂用等等拘束的東西——這是蒲魯東的思想。」蒲魯東承認無產階級有組織的必要。但只承認一切合作社的組織形態。這可以說想背着資本主義而偷偷建立社會主義。否認無產階級參加政治鬥爭的必要。蒲魯東變了和平無政府主義底理論家。蒲魯東主義在第一國際時代有巨大影響在拉丁語系的小生產還盛行於國民經濟的一些國度底工人運動上。馬克思和恩格斯底反蒲魯東的鬥爭在第一國際內部得了勝利。反對蒲魯東的馬克思底著作出版於一八四七年，用法文寫成，它的標題是哲學之貧困。

恩格斯所指的那段文字是這樣的：「工人階級將在發展的途程中建立一個新社會，在原來的資產者社會底地位上，這個社會除去着階級和階級對立，並且那兒決計不會再有原來的政治、權力，因爲政治權力正就是資產者社會內部階級對立底公然的表現。」(見本書第86頁)(見正文第四九頁)

81　從略。(見正文第四九頁)

82　我們從恩格斯在一八八三年四月十八日寫給美國社會主義者樊伯登(Van Patten)的一封信裏引出一段他關於國家底死滅和無產階級的專政所表白而被遺忘了的意見：馬克思和我從一八四五年以來有了這樣一個意見：就是將來無產階級革命底最終結果之一，是具有國家這個名稱的政治組織之逐漸解體並結局消滅。這個組織底主要目的一向是由私佔財富的少數用武力來保障在經濟上壓迫大多數。私佔財富的少數一旦消滅，同時武裝的鎮壓力量，即國家武力也就跟着消滅。然而，下述一個見解同時也始終是我們的見解：爲欲達到將來社會革命底這個以及其他更重要的目的目標起見，工人階級首先必須把國家底組織了的政治武力拿在手裏，並用國家底政治武力去粉碎資本家階級底反抗並重新組織社會，這點，在一八四七年的共產黨宣言第二章底結語裏可以看到。無政府主義者們把事物顚倒了，他們聲明：無產階級革命必須從廢止國家底政治組織來開始。然而，無產階級在它的勝利之後現在拿到的唯一的組織，恰恰就是國家。這國家當然必須經過一番重大的改變，然後它才能盡它的職務。但倘在這樣重要的瞬間把國家破壞，這就算是破壞了唯一的機構。利用這個機構，勝利的無產階級可以發揮它剛才到手的權力，可以壓倒它的資產階級敵人，可以貫澈社會的經濟革命，沒有這個革命，整個勝利必定會終於新的失敗，工人們要被大量地屠殺，好似巴黎公社失敗之後那種屠殺一樣。（見正文第四九頁）

83　列寧特別標明恩格斯底這封信底這一段當作馬克思和恩格斯底思想裏面確實最值得注意而且大致最銳利的部分對向着國家。再往前去列寧又簡單明瞭地札出了馬克思恩格斯關於國家的根本思想底八點。（見正文第五〇頁）

84　爲什麽這個綱領被採用之後馬克思和恩格斯沒有進一步公然反對這個機會主義的綱領呢？這一點在恩格斯給白拉克的信（一八七五年十月十一日）裏可以找到說明（見本書第53頁）。（見正文第五〇頁）

85　見本書第11註。（見正文第五〇頁）

86　李卜克內西和伯伯爾是愛森拉赫黨即德國社會民主工黨（因該黨在一八六九年八月在愛森拉赫地方舉行了成立大會，通過了所謂愛森拉赫綱領，因此就有愛森拉赫黨底名稱）底領袖，今將李卜克內西身世敍述如下（伯伯爾身世見前）：——

李卜克內西（一八二六——一九〇〇年）——十九世紀後半葉德國以至國際工人運動底著名人物。他當作南部德意志民主黨的一員參加了一八四八——一八四九年的革命。在五十年代亡命於倫敦，遂在馬克思底影響之下變成社會主義者了。在一八六八到六九年，他和伯伯爾一起創立了德國社會民主工黨（即愛森拉赫黨）並進行了有勁的鼓動，期望用革命的方法來造成德國底統一，但往往自陷於『親奧傾向』，並且擁護『分離主義』。他推行了一個鬥爭去反對了拉薩爾派。在普法戰爭期間，他表明了革命的國際主義底立場。在幾十年之中，他曾做過黨機關報底總編輯，做過黨底執行委員，做過國會代表等等。李卜克內西底鼓動用他的階級鬥爭底宣傳來影響了無產階級底大衆，並灌輸了對資本主義體制的仇恨到無產階級中去。在『什麼東西應該幹？』（一九〇二年）這本書裏，列寧說他『民衆論壇』底一個典型。當作一個政黨底領袖他犯了一些嚴重的機會主義的錯誤，這些錯誤底根源埋伏在他的非辯證法的思惟方式和重視庸俗民主主義的他的傾向裏面。李卜克內西首先要負責任對那一八七五年即哥達合併當時愛森拉赫黨底嚴重的理論上和策略上的錯誤，也要負責對那俾斯麥底反社會主義者法律實施以後直接發生的糊塗。在一八八五年關於輪船公司底補助金應否投票贊成底問題黨內發生論爭的時候，他採取了妥協調和底態度。他往往和伯伯爾背道而馳，然而，伯伯爾底態度——在恩格斯底領導之下——在某些問題上要更正確些。推行了反統治階級鬥爭和反政府鬥爭的李卜克內西在一八七二年曾親自說過他是『革命底一個士兵』，但同時他往往宣傳拉薩爾底和平的『文化』革命底思想，否定暴力在社會主義革命中的演役。雖然如此，他的革命熱情流露在他的鼓動活動中，緊緊地把他聯繫在工人階級底運動底革命方面，直到臨終，他仍舊是米勒蘭（Millerand），伯恩斯坦一類機會主義者底反對派。在李卜克內西底小册子沒有妥協餘地（一九八九年）底俄文譯本底序文中，列寧特別標明李卜克內西在和反政府的資產階級各政黨訂立協定的問題上所用策略是革命策略底模範，和孟什維克底策略恰恰相反。（見正文第五〇頁）

87　民主週刊——愛森拉赫黨在屯和小市紳急進薩克遜人民黨分裂之前的機關報。在李卜克內西底編輯之下，在一八六三至一八六九年之間發行於萊伯齊西城。（見正文第五一頁）

88　莎士比亞底威尼斯商人裏兒頭的高利貸者底典型。（見正文第五一頁）

89　李卜克內西和伯伯爾二人因在一八七〇至一八七一年的普法戰爭期間表示了他們的革命的國際主義的態度，所以在那有名的一八七二年三月萊伯齊西最高法庭上被判罪兩年的監禁。伯伯爾方面的刑期是在一八七四年五月十四日滿期的，但六個星期之後，他又因觸犯皇帝的罪名被判罪九個月的監禁，送到（薩克遜）茨維考的監獄裏去服罪。他被釋放的一天是一八七五年四月一日，偶然和俾斯麥底生日同在一天。（見正文第五二頁）

90　白拉克曾在他給恩格斯的信（一八七五年三月二十五日）裏銳利地批判了哥達綱領草案。他寫道：『在我接受這個綱領草案是不可能的，並且伯伯爾也一定同我同一意見，照他的見識和品格而論。』白拉克把他的主要目標集中在『綱領底這一點』，即該綱領要拿『國家輔助』來設立生產合作社這一點底批判上。據白拉克底意見，該黨一採用這一點，該黨就會變成宗派。『因伯伯爾似乎决心進行鬥爭，所以我也痛切感覺到要用全力去支持他。不過預先我很願意知道你和馬克思對於這個問題究竟怎樣考慮着。你們的經驗比我的更成熟，你們的觀察比我的正確。倘你們贊成我這樣幹，那末，我就向伯伯爾建議這樣幹，以便拿一個共同的綱領草案去出席大會』。伯伯爾沒有確實知道白拉克的希望，因之他沒有出面反對那個綱領。（見正文第五二頁）

91　蘭姆（Ramm）——德國的社會民主黨員，愛森拉赫黨的中央機關報萊伯齊西人民國家底編輯人之一。在黨內沒有表現出領導的作用。（見正文第五二頁）

92　根據新規約，三個領導組織體由哥達大會選舉出來了：常務局、監察委員會和聯合委員會。後者底職務就是當前者之間發生意見紛歧之際參與意見。（見正文第五三頁）

93　這是說他們接受了屈辱的條件。（見正文第五四頁）

94　從略。（見正文第五四頁）

95　這個引用是聯合委員會底提案要求從黨底文件目錄中除去倍格爾底幾本論拉薩爾底著作（拉薩爾慘死眞相，一八六八年；拉薩爾底工人煽動史，一八七四年）。倍格爾（見『馬克思給白拉克的信』之註即本書第15註）。（見正文第五五頁）

96　宋納曼（Leopold Sonnemann一八三一——一九〇九年）——德國政治家兼著作家，人民黨底領袖之一，弗蘭克府報編輯。在六七十年間他反對俾斯麥底政策，因此在某些問題上他接近愛森拉赫黨員。（見正文第五五頁）

97　法爾泰西（Julius Vahlteich 一八三九——一九一五年）——鞋匠，愛森拉赫黨底最出色的領袖之一。以前是拉薩爾派，但在拉薩爾生存

期間出頭反對過拉薩爾底獨裁，因此，給拉薩爾領導的德國工人總會開除了。（見正文第五五頁）

98 喜爾士（Karl Hirsch 一八四一——一九〇〇）——有名的德國的社會主義新聞評論家，當時他很接近馬克思和恩格斯。（見正文第五六頁）

99 黨主席團內，拉薩爾派有哈仁克勒夫，哈塞爾曼，德洛西；愛森拉赫派有蓋勃及奧爾。（見正文第五六頁）

100 史蒂培爾（Wilhelm Stieber）——普魯士政治警察局底高級官吏，迫害革命無產階級底組織最兇，運用最卑汚的手段，假造文件和證據來脅迫被告人。他是一八五二年科侖共產黨審判底檢察官，他當時的詭計在馬克思底小册子科侖共產黨審判的眞相裏被揭露着。（見正文第五六頁）

101 託森道夫（Tessendorf）——普魯士的國家檢察官，在七八十年代當作『審判社會主義者的專門家』成了名。（見正文第五六頁）

102 萊伯齊西底那幫人們即指中央機關報人民國家編輯部底李卜克內西和其他分子。（見正文第五六頁）

103 下屆議會選舉，在一八七七年初舉行了。（見正文第五七頁）

104 德國社會民主工黨在一八六九年八月在愛森拉赫大會上採用的綱領裏有許多『直接要求』，其最後（第十）一個要求，這樣說：『在民主保障之下，國家獎勵合作社以及國家信用放款給生產合作社』。這裏，『國家獎勵』底原文和拉薩爾底『國家輔助』底原文完全不同（中文譯者）。（見正文第五七頁）

105 從略。（見正文第五七頁）

106 恩格斯指馬克思底哥達綱領批判。不過恩格斯以爲伯伯爾已經知道了這個批判，這是恩格斯弄錯了，當批判由恩格斯在一八九一年公佈之際，才發覺李卜克內西不尊重馬克思底明顯要求（見馬克思給白拉克的信，五頁），沒有把這個文件拿給伯伯爾看，直到後來，恩格斯才知道（見一八九一年二月十一日他給考茨基的信），所以他說：『這個文件在一八七五年五六月之間，被人計劃周密地瞞住了伯伯爾並且坑掉了，這件事體我就說明了。』（同上）至於伯伯爾直到這個批判已經在新時代上發表出來（一八九一年）的時候，才看到這個批判。不過必須附帶聲明一句，伯伯爾在出版之前讀到了這個批判底底稿，他想阻止它的公佈，並且打了一個電報要求停止公佈，但已經來不及了。（見前進報，一八九一年二月二十六日，柏林）。（見正文第五八頁）

107　見上列〖恩格斯給白拉克的信〗（一八七五年十月十一日）。（見正文第五九頁）

108　考茨基當時是德國社會民主黨底理論機關報新時代週刊底編輯，在這個機關雜誌上恩格斯發表了馬克思底批判。（見正文第六〇頁）

109　係指哥達綱領批判一文。（見正文第六〇頁）

110　在這些報紙之中最初的兩個是社會民主黨的，最後一個是資產階級的。（見正文第六〇頁）

111　當恩格斯把馬克思底哥達綱領批判原文寄給考茨基去發表的時候，恩格斯曾促使考茨基留意下述一點，即萬一這個文件不至於在新時代上發表出來，那末恩格斯可以在維也納工人報上發表這個文件，總之，無論如何馬克思底這個批判總有辦法見天日。（見正文第六一頁）

112　蒂茨（W.Dietz）——（一八四三年——一九二二年），德國社會民主黨員，國會議員，斯都得伽特的黨出版部底主任，新時代就在這個出版部裏發行。他始終屬於德國社會民主黨底右傾機會主義的方面，在世界大戰中，他是社會沙文主義者（沙文Chauvin 是法國的一個青年軍官，誇大狂，毫無理性，一味主張殺人的愛國主義者）。（見正文第六一頁）

113　雖在一八九〇年哈勒的黨大會上做報告的時候，李卜克內西承認了那綱領（〖哥達〗）需要修改，但他還用盡一切方法來稱讚舊綱領是戰鬥的標幟、領路的明星等等。至於各別分析了哥達綱領的每一點，以及有些地方借用了馬克思和恩格斯所提出的反對——但沒有指出他們兩人底名字一一之後，李卜克內西就拿下述這樣一個結論來結束每一論點的檢討，說這種論點儘管有訂正的必要，但在原則上在主要成份上有不可爭辯的重要性。（見正文第六一頁）

114　這個責難主要地準對着考茨基。考茨基竭力想削弱批評拉薩爾主義的馬克思底影響，他在新時代二十一號上發表了一篇論文叫做我們的綱領，在這篇文章裏，他投機取巧地縮小了馬克思底這個批判底實踐的意義，撇開馬克思於綱領之外，反而强調拉薩爾底偉大的貢獻。別的不談，單看考茨基寫道：馬克思對於拉薩爾所取態度不是德國社會民主黨底態度……社會民主黨另外有一個態度對於拉薩爾，和馬克思底態度不同……我們那能忘記這個人（拉薩爾）？所有我們黨內的老同志甚而大多數年青的朋友們底最初的社會主義的知識和對社會主義的熱情都是從他（拉薩爾）的著作裏得來的。我們謹慎的研究並檢討馬克思說些什麽關於他學生拉薩爾，但我們决不忘記拉薩爾也是我們的最初的許多導師和戰士之一。（新時代，一八九一年，第一卷六八〇頁）。（見正文第六一頁）

115 拉薩爾在一八四五到一八五四年的差不多十年之間以律師底地位辦了一件非常曲折錯綜並且當時非常令人注目底蘇斐哈茨費爾特（Sophie Hatzfeld）伯爵夫人的離婚案子，在訴訟經過中，他利用了各種律師底惡計，爲了勝訴起見。（見正文第六二頁）

116 在［社會主義者法律］底實施期間（一八七八——九〇年），一切合法的工人組織統統被禁止了，只有國會裏的社會民主黨團是黨底最高機關。儘管這個黨團大部分是由機會主義者們形成的，不過黨底領導權還在伯伯爾底雙手之中。伯伯爾所依靠的就是黨員大家底支持和起初在秋里希後來在倫敦發行的非合法的機關報社會民主黨底支持。這張報紙在大體上是依照恩格斯底指示而編輯的。（見正文第六三頁）

117 這就是指拉薩爾派底組織［德國工人總會］，從一八六四年到一八七一年該會領袖是約翰·石槐周（Schweitzer:一八三二——七五年），石槐周是中央機關報底主筆，黨底主席兼國會議員，他繼續拉薩爾底勾結俾斯麥的策略，俾斯麥資助了這個報紙，此事在數年前才被發覺。他依照拉薩爾底傳統用獨裁底方式來領導工人總會。就在强大的反對派已經發展起來反對他的時候，他還企圖維持他的獨裁勢力甚而還竭力擴張他的勢力到職工組織方面去，所以在一八六八年他竟弄到創立職工會——但無論如何只在羣衆底迫切要求之下才創立的。（見正文第六三頁）

118 在德國社會民主黨底中央機關報前進上的社論表明了黨底領導

部底公開態度對於馬克思底批判。這篇論文含有銳利的攻擊對着馬克思底批評拉薩爾，並且認定該黨反對了馬克思底意見而採用了哥達綱領草案是該黨底一個功德。該文又說：該黨底發展證明了馬克思底錯誤，並說該黨底國會黨團和領導部沒有任何時會同意過發表這個批判。該文說：德國社會民主黨員既不是馬克思主義者，也不是拉薩爾派底人們——他們是社會民主黨員。（新時代，一八九〇——一九一年，第一卷六八四頁）。（見正文第六三頁）

119 李卜克內西企圖爲新時代寫一篇特約論文關於哥達綱領底歷史。據考茨基說：『這篇論文……倘寫出來，在總的方面，一定可以供給特別下述情況底本黨綱領底一篇歷史，且一八七五年那時情況證實了哥達綱領能够當作本黨大多數底理論的意識底表現。』（同上，六八一頁）。『這樣看來』，考茨基在上面引證過的論文我們的綱領裏寫道：『這封綱領信件需要一個補充。恩格斯沒有辦法拿出來。』（見正文第六三頁）

120 這就是指恩格斯底著作家族、私有財產與國家底起源第四版，由斯都得伽特黨出版部（蒂茨出版部）出版。（見正文第六四頁）

121 費旭（Richard Fischer一八五五——一九二六年）——德國社會民主黨底執行委員，柏林黨出版部主任。（見正文第六四頁）

122 在一八九一年恩格斯寫了幾篇序文給幾本新出版的馬克思底著作法蘭西內戰、工錢和資本和他自己的一本書叫做社會主義從空想到科學的發展。（見正文第六四頁）

123 其中一、五、六條都只說到『國家』，例如『集中運輸手段在國家手中』。（見正文第八七頁）

124 是指俄國資產階級經濟學家杜干·巴蘭諾夫斯基（一八六五——一九一九）而言。（見正文第一〇七頁）

125 賽洛克是英國作家莎士比亞劇本威尼斯商人中所描寫的一類高利貸者。（見正文第一一一頁）

126 是指俄國作家波米洛夫斯基所著小說教會學生一書而言，其中揭露了十九世紀五十至六十年代流行於俄國教會學校的荒謬教育制度和粗鄙習氣。（見正文第一一二頁）

· 148 ·

127 斯大林同志在新的歷史環境中進一步發揮馬克思與列寧的國家學說，他定出社會主義國家的理論，指明了在蘇聯社會主義已獲勝利並開始過渡到共產主義的條件下社會主義國家的職能和任務。

斯大林同志在一九三九年三月第十八次黨代表大會報告中說道：「……一九一七年八月，即是在十月革命和蘇維埃國家成立幾個月以前，列寧寫成了他那部有名的國家與革命一書。列寧認爲他這部著作底主要任務是要保護馬克思和恩格斯關於國家的學說，反對機會主義者方面對於這學說的曲解和庸俗化。列寧當時立意寫國家與革命一書第二部分，在這一部分裏，他打算把一九〇五年和一九一七年俄國革命底經驗作一個主要的總結。毫無疑義，列寧在他這本書第二部分裏，是想依據我們國家裏蘇維埃政權存在的經驗，來繼續闡明和發揮國家理論的。可是，他還沒有實現這個任務，就不幸逝世了。但列寧所沒完成的事業，是他的門生所應該去完成的（掌聲如雷）。

國家是在社會分裂爲敵對階級的基礎上產生的，其所以產生，是爲了剝削者少數底利益來約束被剝削者多數。國家政權底工具，主要是集中於軍隊、懲罰機關、偵探機關和監獄。國家底活動是表現於兩種基本職能上：內部的（主要的）職能，是約束被剝削者多數；外部的（非主要的）職能，是靠侵略他國領土來擴大本國統治階級底領土，或是保護本國領土以防他國侵犯。從前，在奴隸制度和封建制度下的情形，曾是如此。現時，在資本主義下的情形，也是如此。

爲了要推翻資本主義，不僅必須打倒資產階級底政權，不僅必須剝奪資本家，而且必須完全打破資產階級底國家機器，打破它的舊軍隊，打破它的官吏機關，打破它的警察，而代以新的無產階級的國家制度，新的社會主義的國家。大家知道，布爾什維克就是這樣作了的。但是決不可由此得出結論，說在新的無產階級的國家方面，決不能保存舊國家底某些職能，加以變更而使其適應於無產階級國家底需要。尤其是不可由此得出結論，說我們社會主義國家底形式應當始終不變，說我們國家底一切最初原有職能在將來也應當完全保存。其實，我們國家底形式，是隨我國發展和外部環境變更而變更着，而且將來還會變更的。

列寧說得完全對：

「各資產階級國家雖然形式非常繁雜，但它們的本質是同一的：所有這些國家，不管怎樣，歸根到底一定是資產階級專政。由資本主義過渡到共產主義，當然不能不產生很多的和很繁雜的政治形式，但在本質上却不免是同一的：無產階級專政」（見列寧全集，第二十一卷，第三九三頁）。

自十月革命以來，我們社會主義國家在其發展中，已經過了兩個主要階段：

第一個階段，就是從十月革命起，一直到消滅各剝削者階級爲止的時期。這個時期底基本任務就是鎮壓已被推翻的那些階級底反抗，組織國防以抵禦武裝干涉者底侵犯，恢復工業和農業，準備起消滅資本主義分子的條件。於是我們的國家在這個時期也就實現了兩個基本的職能。第一個職能就是鎮壓國內已被推翻的階級。這一點使我們的國家在外表上和從前的國家相似，因爲從前的國家底職能是要鎮壓那些不順從的人，但這裏有一個原則上的區別，就是我們的國家是爲勞動者多數底利益來鎮壓剝削者少數，而從前的國家却是爲了剝削者少數底利益來鎮壓被剝削者多數的。第二個職能就是保衞國家以防外來的侵犯。這一點也使我們的國家在外表上和從前的國家相似，因爲從前的國家也進行過武裝保護本國的事情，但這裏有一個原則上的區別，就是我們的國家反對外來的侵犯是爲了保護勞動者多數底勝利品，而從前的國家反對外來的侵犯，却是爲了保護剝削者少數底財富和特權。這裏還有過第三個職能——這就是我們國家各機關底經濟組織工作和文化教育工作，其目的是要發展社會主義新經濟底萌芽，並以社會主義精神重新教育人民。可是，這個新職能在這個時期並沒有得到重大的發展。

第二個階段，就是從消滅城鄉資本主義分子時起，一直到社會主義經濟體系完全勝利和通過新憲法爲止的時期。這個時期底基本任務就是要在全國組織社會主義經濟，消滅資本主義分子最後的餘孽，組織文化革命，組織保衞國家的完全現代式的軍隊。於是我們的社會主義國家底職能也因此而改變了。在國內實行武力鎮壓的職能已經消失了，消亡了，因爲剝削制已被消滅了，剝削者已不存在了，再沒有什麼人必須加以鎮壓了。代替鎮壓職能的，是國家防範那些偷竊侵吞人民財富者而保護社會主義公產的職能。武力保護國家以防外來侵犯的職能仍然是完全保存着，因此紅軍、紅海軍以及爲捉拿懲罰外國偵探機關派到我國來的間諜、兇手和暗害分子所必需的那個懲罰機關和偵探機關，也是仍然保存着。國家機關底經濟組織工作和文化教育工作的職能仍然保存着，並且得到了充分的發展。現在，我們的國家在國內的基本任務，就是進行和平的經濟組織工作和文化教育工作。至於我們的軍隊、懲罰機關和偵探機關，那末它們的鋒芒已經不是向着國內，而是向着國外去對付外部敵人了。

由此可見，我們現在是有一個完全新的社會主義的國家，它是歷史上從所未有，並且按其形式和職能來說是和第一階段的社會主義國家大不相同的。

但是，發展過程並不能停止在此地。我們是在繼續前進，向共產主義前進。我們的國家是不是在共產主義時期也會保存呢？

是的，會保存的，假如那時資本主義包圍尚未消滅，而外來的武裝侵犯危險尚未剷除的話。同時很明顯的，我們國家底形式，又會隨着國內和國外環境變化而變更。

不，不會保存而會消亡下去，假如那時資本主義包圍已經消滅，而被社會主義包圍所替代了的話。

這就是關於社會主義國家問題的情形。（見斯大林著列寧主義問題一書，一九四九年莫斯科外國文書籍出版局版，中譯本，第七八九至七九三頁。）（見正文第一一九頁）